ルポ
デジタルチャイナ体験記

Tadasu Nishitani
西谷 格

PHPビジネス新書

まえがき

つい10年ほど前まで、中国と言えば毒食品や偽ブランド、安全性軽視の崩落事故など、図体だけはデカいものの先進国になり切れない〝残念な国〟というイメージを誰もが抱いていた。しかし、いまや時代は大きく変わったといえる。

もはやファーウェイやシャオミのスマートフォンに粗悪品のイメージはなく、ものによっては性能面でもiPhoneに匹敵。スマホ決済や顔認証などのＩＴ利用は日本よりもずっと進んでおり、次世代通信５Ｇ技術の分野では、アメリカと天下を争っている。アニメなどの文化や芸術、デザインセンス、丁寧なサービスといった面では日本が優位を保っているが、〝デジタル技術の活用〟という部分に限っていえば、中国はすでに日本の数歩先を進んでいるのだ。

とはいえ、「中国の顔認証技術がすごい」「キャッシュレスがすごい」といった話はニュースでしばしば目にするが、中国社会にありがちな〝見掛け倒し〟なんてことはないのだろうか。実際のところはどうなのか——。

良きにつけ悪しきにつけ、かの国の話題はいささかオーバーに伝えられることが多い。かなり極端な事例なのに、あたかも一般的なよくある話のように紹介されることもあるため、注意が必要だ。

「だったら、現地に赴いて、あらゆるデジタル技術を使い倒してみればわかるかもしれませんよ」

本書の編集担当者に背中を押されるかたちで、２０１９年７月に上海に向けて飛び立つこととなった。

私は２０１８年、『ルポ 中国「潜入バイト」日記』（小学館新書）を上梓した。その後も何度か中国を訪れているが、そのたびに世の中がどんどん便利になり、社会が成熟していくのを感じていた。なんとなく肌で感じていた中国の変化を、このタイミングでじっくり調べ直したいという思いもあった。

本書は「体験記」と銘打っているように、上海滞在時に見たもの、聞いたもの、体験したことについて、筆者が感じたままに書き綴ったものである。識者や専門家の分析とは程遠い雑感に近いものになるかもしれないが、逆にそうした専門書では踏み込めない「ニッチでリアルな中国」を描き出したものとしてなら、少しは価値があるのかもしれない。

奇しくも、日本では現在、キャッシュレス決済やスマホを使ったＩＴサービスが活況を呈している。デジタルビジネスで先行する中国の成功例は認めたうえで、失敗例は他山の石とすればいい。

その成否を決めるのは消費者だ。はたして、中国人は最新ＩＴサービスをどう受け止めているのか。十分に満足しているのか。彼らの生活に〝潜入〟し、レポートしてみることにした。

中国の街中を歩いているような気分で、お読みいただけたら嬉しく思う。

西谷　格

ルポ　デジタルチャイナ体験記　目次

＊本書の取材は2019年7月に行ない、記述した情報、データは2020年1月時点のものです。なお、為替相場は、1元＝16円で計算しています。
＊カバーおよび本文中の写真は、すべて著者撮影。

第1章

潜入！アリババホテル

FlyZoo Hotelのエントランス。2018年にオープンし、客室数は290室

宿泊せずにはいられないホテル

上海に滞在するにあたり、まず中国の先端サービスを調べてみることにした。すると、ネット連動型スーパーや無人コンビニ、顔認証で支払う書店など、さまざまなものがあることがわかった。

そのなかでとくに興味を引いたのが、デジタル技術を駆使した近未来型ホテル「FlyZoo Hotel（菲住布渇酒店）」だった。２０１８年12月にオープンしているが、デジタルとホテルがどう結びつくのか、いまいちイメージできない。

事前にリサーチしたところ、このホテルでは「顔認証でチェックインできて、その所要時間は約30秒、いまだかつてない〝未来の感覚〟を味わえます」と紹介されていた。

加えて、運営母体は中国を代表する巨大ＩＴ企業・アリババ。

２０１９年の時価総額は3兆８０００億元（60兆８０００億円）と中国企業トップを誇る。「中国版アマゾン」と呼ばれ、ＥＣ消費のすべてを飲み込もうとしている。

そのアリババが作ったホテルというだけあって、期待できそう。中国の最新テクノロジー、すなわち〝デジタルチャイナ〟を取材するには、うってつけの場所だ。

ちなみに、中国語名の「菲住布渴（フェイジュウブウコウ）」は「非住不可（＝宿泊せずにはいられない）」と同音だ。いくらなんでもハードルを上げすぎではないかと思ったが、よほど自信があると見た。

さっそく、「アリババホテル」に向かうことにしよう。

コールセンターはすでに存在せず

ホテルが位置する浙江省（せっこうしょう）杭州（こうしゅう）市は、上海から高速鉄道で1時間ほど。だが、杭州市の郊外にあるため、駅から地下鉄やタクシーを乗り継いで1時間ほどかかる辺鄙（へんぴ）な場所にある。

途中、タクシー運転手に話を聞くと、「このあたりはもともと何もなかったけど、この10年足らずで不動産価格が一気に跳（は）ね上がった」という。

FlyZoo Hotel の外観。アリババのコーポレートカラーであるオレンジ色がエントランス天井に使われている

近年は一段落しているが、中国は急激な経済成長とともに、２００８年ごろから不動産価格も高騰。マンションやショッピングモールが次々と建設され、土地成金が大量発生した。道路や鉄道の整備も進み、日本列島改造ならぬ〝中国大陸改造〟が行なわれたのである。

ホテルはアリババ本社に隣接しているが、現在の巨大な本社が建てられたのは２０１３年。アリババは相当早い段階から当地に目をつけ、開発を進めたようだ。

ホテルの予約はアリババが運営する旅行予約サイト「Fliggy（飛猪（フェイジュウ））」もしくは

FlyZoo Hotelのアプリからのみ可能で、電話予約は受け付けていない。

〝将来なくなる職業〟の一つとして「コールセンター」が挙げられているが、まさにこのホテルでは電話受付の仕事はすでに不要となっている。

予約時にスタンダードルーム599元（約9600円）はすでに売り切れていたため、デラックスルーム799元（約1万2800円）を選択した。価格は時期によって変動するようだ。

筆者が訪れた夏期はやや繁忙期だったが、東京や大阪のビジネスホテルとだいたい同程度の価格帯といえる。

だが、ホテルの周囲は広大な敷地のアリババ本社とショッピングモールがあるくらいで交通不便な田舎町。強引に例えるなら、神奈川と山梨の県境エリアのようなイメージだ。それで一泊一万円を超えるとなると、かなり強気の価格設定である。近辺の同クラスのホテル相場の2倍近い。

これで普通のホテルと変わらなかったら、完全にボッタクリだ。

「あなたの顔がカギになります」

深夜に到着してロビーに進むと、白地の空間に縦長の巨大な黒板のようなものが浮かんでいた。横幅3~4メートル、縦幅5~6メートルほどある。どうやら巨大スクリーンで、昼間は電源が入るらしい。

スクリーンの右側に目を転じると、これまた不可思議な景色だった。

白地の殺風景（さっぷうけい）な無人空間に、空港の自動チェックインマシンのような機械が6台並んでいた。

近づいてタッチパネルに触れると、「身分証をセットしてください」との表示。中国社会は〝マイナンバー制度〟が徹底しており、国民全員が政府発行のカード型身分証を所持するよう義務づけられている。

外国人の私はそんなものは持っていないので、代わりにパスポートをセット。すると「外国人のお客様はビザ情報の確認が必要です。スタッフを呼び出しますので、しばら

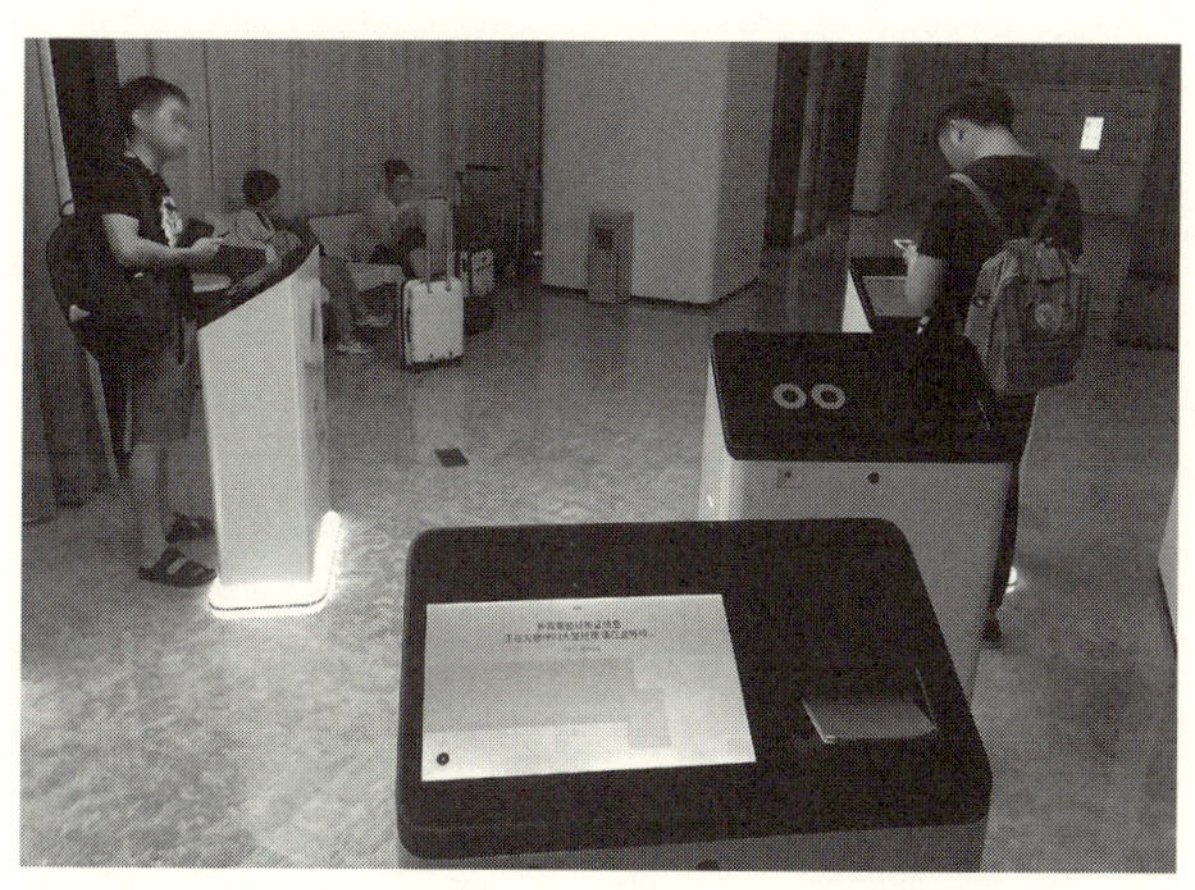

タッチパネル式のマシンでチェックイン

くお待ちください」との案内が示された。

マシンの近くには女性スタッフが2名待機しており、談笑をしていた。その1人が私のもとへと近づき、スマートフォンでパスポートを撮影。続いて私の顔にいきなりレンズを向けて、シャッターを切った。手慣れた動作だ。

「これでチェックイン完了です。カギはありませんので、あなたの顔がカギになります」

1~2分ほどで、とてもスムーズにチェックインができた。

中国の身分証を持っていれば、人の手を借りることなく、同様の手続きができるのだろう。

日本でもチェックアウトはマシンでできるホテルが増えているが、チェックインは人の手を介するケースが多い。数年後には、日本もこのくらい徹底した〝無人化〟が進むのだろうか。

〝魔法のランプ〟のようなAIスピーカー

手続きをしてくれたスタッフに部屋番号を告げられてエレベーターに乗ると、階を示すボタンの上のほうに手のひらサイズのスクリーンが設置されており、私の顔が映っていた。

カードキーをかざす代わりに、顔をかざすのである。顔認証が済むと、自分の部屋の行先階ボタンを押せるようになった。画面をずっと見続けていると、なぜか自分の顔部分がサルの顔になった。どういう理由なのかは不明だが。

廊下は白を基調としたシンプルな内装で、各部屋の番号はライトで床に照射されている。

部屋のドアの前に立つと、ドアに小型カメラが埋め込まれていることに気がついた。外観はよくある覗(のぞ)き穴とほぼ同じで、周囲がＬＥＤライトで赤く発光していた。不思議そうに見ていたらすぐにライトが緑色に切り替わり、「請進(チンジン)（お入りください）！」という音声が流れた。同時にガチャリという解錠音が聞こえ、ドアが開いた。ちょっと不気味だけど便利である。

顔認証でエレベーターを操作。なぜかサルの顔に……

室内は１泊１万３０００円近くするだけあって、ぱっと見は日本の高級ホテルとほぼ同じ雰囲気。ベッドは巨大で縦幅２メートル、横幅４メートルほど。テレビの横には、ＰＭ２・５の測定器まで置かれていた。

室内に入ると同時にテレビ画面の電源が入り、ホテルの紹介ビデオが流れた。要約すると、こんな内容だ。

「私たちは未来からやってきたホテルです。いつでもどこでもスマートフォンでチェックインでき、準備を整えてお待ちしています。ロビーの大型スクリーンの映像は、お客様の手足の動きに応じて変化します。ドアの前に立てば、自動センサーにより2秒でカギが開きます。室内の〝Tモールジニー（天猫精霊（ティエンマオジンリン））〟は室内のすべてを手伝ってくれます。いろいろと試してみてください。〝Tモールジニー〟に頼めば、必要なものを持ってきてくれますよ」

流暢（りゅうちょう）な説明が続く。

Tモールジニーとは、アリババが開発したアマゾンエコーのようなAIスピーカーで、喋（しゃべ）りかけるとさまざま要求に応えてくれる最新ガジェットだ。

「Tモール」はアリババが運営するネットショッピングサイト名で、「ジニー」は「アラジンと魔法のランプ」のランプの精の名前からとったのだろう。

「レストランの食事は、スマートフォンで注文することも可能です。部屋の外に出れば、エレベーターがあなたのフロア階に待機しています。ジムも顔認証で入ることができ、イマーシブ（没入型）・スクリーンが、インストラクターの役割を果たします。当ホテルではお客様のさまざまな習慣を記憶していきますので、ご面倒をおかけすることはありません」

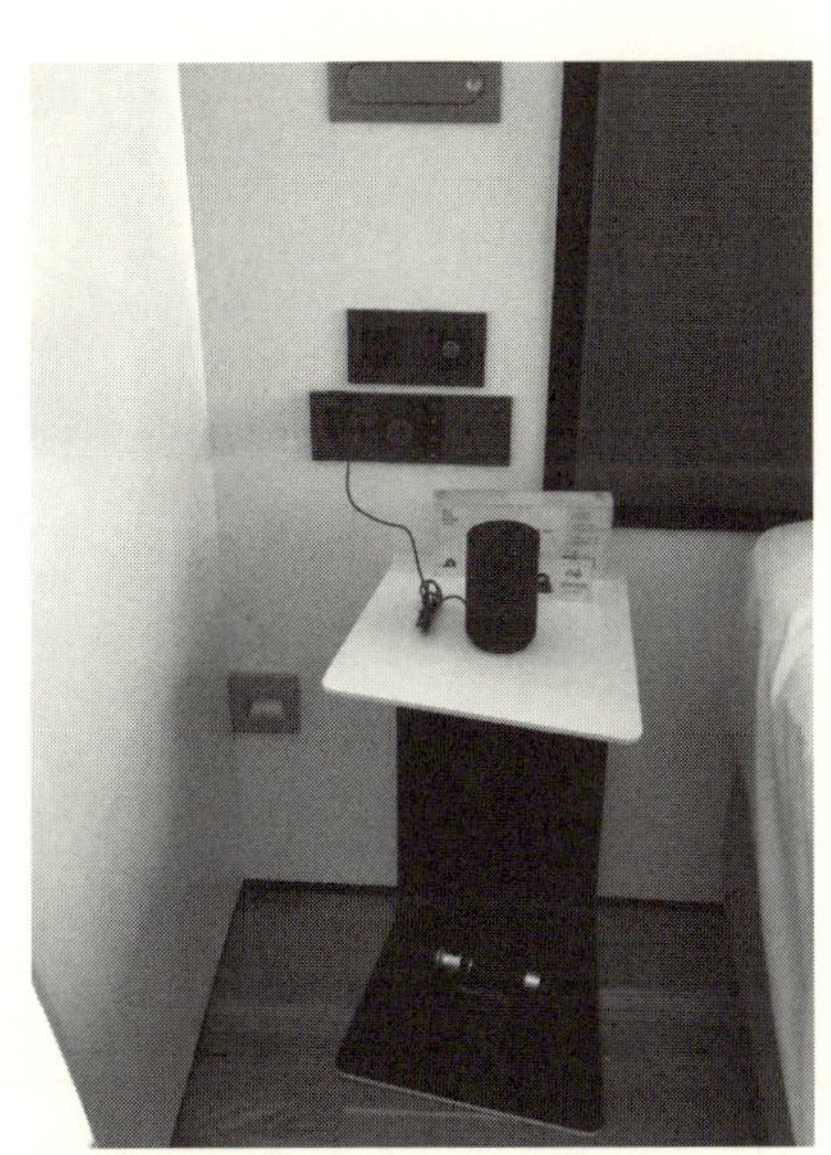

筆者が宿泊した部屋。AIスピーカー「Tモールジニー」が設置されている

イマーシブは英語で没入・没頭を意味し、利用者が別世界にどっぷりと浸かっている状態を指す。

紹介ビデオには、巨大なスクリーンに囲まれた室内で、女性が身体を動かしている姿が映っていた。見るからに最新鋭の設備だ。

ロボットアームがつくるカクテル

館内を探索しようと外に出ると、説明どおりエレベーターがすでに待機していた。これはよくできている。ちょっとだけ、自分がVIPになったような気分だ。

バーが営業していたので入ってみると、自動車工場にありそうなロボットアームがカウンター内に鎮座(ちんざ)し、その真上に天井からさまざまな酒瓶がぶら下がっていた。自動カクテルマシンだという。

男性店員に話を聞くと、

「このマシンはスイス製だけど、カクテルがつくれるように改造したのは、ウチの会社です。中国では上海とココにしかないんですよ」

と胸を張った。マシンの価格は約20万元(約320万円)とのことだが、見渡したところ賑(にぎ)わっている様子はなく、はたして元はとれるのだろうかと少し心配になった。

ホテル内のバーに立ち寄ると、ロボットアームのカクテルマシーンが！

オーダーはテーブルの上に置かれたＱＲコードを読み取り、代金はスマホで決済。ソフトドリンクは48元（768円）、アルコールカクテルは68元（1088円）ほど。私が注文したモヒートは１杯78元（1248円）で結構高い。中国のちょっと高級なお店は、総じて日本より物価が高いのである。

支払いを終えると、ロボットアームがゆっくりと動き出した。銀色のシェイクボトルを掴むと、天井からぶら下がった酒瓶へと移動。何種類かのアルコールやソーダを注ぎ入れ、シャカシャカと振ってグラスへ注ぐ。まるで工場のようだ。

ハイテク技術に目が釘付けになったが、

本物のバーテンダーに比べると動きはぎこちなく、「これをロボットがやる意味はあるのか？」という気もする。

黒服のスタッフが、完成したモヒートにミントを添えて運んできた。

味は居酒屋レベルで、あまり本格的な代物とは言えない。ロボットアームではミントを潰す等の細かな作業ができないため、どうしてもリキュールを混ぜただけの味になるのだ。どこか人工的な味がするのは否めない。スクリュードライバーなど〝混ぜるだけ〟のカクテルを頼めばよかったと悔やんだ。ロボットアームは、テクノロジーの無駄遣いであった。

バーの向かいはカラオケができるラウンジスペースになっており、なかに入るとすでに30代ぐらいの中国人グループが歌っていた。

目を引いたのは、部屋の前方に位置する3枚の巨大スクリーンだ。客席に向かってコの字型に設置されており、正面のスクリーンは横幅4m、縦幅3mほどの大きさ。

ミニシアターのスクリーンぐらいのサイズで、ものすごい迫力だ。これも一種の「イマーシブ・スクリーン」といえるのだろう。

そこかしこに残る旧来の中国センス

翌朝、モーニングを食べに行こうとレストランフロアに行くと、スタッフから「こちらへどうぞ」と案内され、カウンターに置かれたiPadほどの大きさのカメラ付きモニターの前へ立つよう指示された。

自分の顔がモニターに映されると顔認証が終わり、レストランへの入店を許された。なるほど、普通のホテルでは「朝食券」として紙きれを渡したり、カードキーを見せたりするものだが、ここではそれすらも顔認証で済ませてしまうのだ。

朝食はごく普通の高級ホテルのビュッフェと同じで、特筆すべき点はナシ。一人でなぜかスクランブルエッグだけを大量に食べている青年がいて、ゴーイングマイウェイな中国っぽさを感じたりはした。

また、レストランに併設されているケーキショップではハンドバッグのかたちの大きな砂糖菓子がつくられており、そこにプラダやシャネルのロゴが堂々と使われてい

当前播放【
高清
戴荃 35岁 南京
《悟空》
放肆桀骜
放肆桀骜

カラオケバーの巨大スクリーン。宿泊者も気持ちよさそうに歌っている

ブランドロゴ無断使用はともかく、クオリティはやけに高い

るのは気になった。ロゴの無断使用といい、高級バッグ型の菓子といい、このへんは旧来の中国センスが濃厚に感じとれた。

あらためて館内を散策すると、ロボットがつくるというアイスクリームマシンを発見。が、こちらは昨夜のカクテルロボットの劣化版といった雰囲気で、最新技術というよりは見世物的要素が強かった。どんな動きをするか容易に想像ができる。

ジムルームへ行ってみると、どこにでもあるごく普通のジムだ。イマーシブ・スクリーンとやらはどこだろうと思い、期待して奥に進むと、室内の床に3メートル四方ほどの巨大スクリーンを埋め込んだエリアを発見。が、電源は入っておらず真っ黒いまま。

近くのスタッフにこのスクリーンを使いたいと伝えたところ、「まだ準備中で、使えるようになるのは来月以降」とのことだった。中国社会にありがちな〝未完成のまま見切り発車〟をしたらしい。残念。

豹変したAIスピーカー

館内の廊下を歩いていると、高さ1メートルほどの銀色の箱のような物体が、のろのろと移動しているのを見かけた。清掃ロボットのようにも見えるが、それにしては小さすぎる。

もしやと思ってスタッフを探して聞くと「客室にものを運ぶロボットです」とのこと。「天猫精霊福袋（ティエンマオジンリンフウダイ）」という呼び名らしい。

さっそく試そうと思い、部屋に戻って、

「Tモールジニー、ミネラルウォーターを持ってきて」

Tモールジニーに頼んだものは、もの運びロボット（天猫精霊福袋）が部屋まで持ってきてくれる

と頼むと、「はい、スタッフがお持ちします」との返答。10分ほど待つと、スマホ内のホテル専用アプリが起動し、アラームが鳴った。ドアを開けると、運びロボットが鎮座しており、スマホに表示されたパスワードを液晶パネルに入力すると、ウィーンという音とともにゆっくりとフタが開いた。

箱のなかにはミネラルウォーターのボトルが無造作に入っており、取り出してフタを閉めると、ロボットは無言でエレベーターのほうへと進んで行った。自動販売機からモノを取り出したような感覚だ。人間らしさは微塵（みじん）も感じない。

Tモールジニーとの会話が面白かったので、いろいろ話しかけてみた。

「チェックアウトは何時？」

「正午12時です」

これぐらいは当然答えられるとして、

「ドライヤーはどこにあるの？」

「洗面所の引き出しのなかにあります」

とまで答えられたのは驚いた。事前にかなりのデータがインプットされているようだ。宿泊客がフロントに聞く質問など、大半はパターン化されているのだろう。そう考えれば、じつに合理的だ。

あえて答えにくそうな質問もしてみた。

「釣魚島（尖閣諸島の中国側呼称）はどこの国にありますか？」

すると、これまでは「ご主人さまぁ！　こんにちは！」という明るいアニメ声の女の子のような声だったTモールジニーの声質が突如変化し、野太い声で力強く、

「釣魚島は古来より中国の領土です！」

と言い切った。

なんか怖い。

続けて、「世界で一番強い国は?」と聞くと、

「中国は世界一人口が多い国です」

と断言。心なしか語気も強めだ。

ただし、同じ質問をもう一度すると、

「それはもちろんアメリカですよ」

とも答えたので迷いがあるようだった。

質問と答えが噛み合わないケースも散見されたが、予想以上の返答が得られた。

すべての質問が記録されている?

続いて、無理難題をいってみたらどうなるのだろうと思い、「コカコーラを持ってきて」と頼んでみた。コーラは有料だが、支払いはどうなるのだろう。

するとTモールジニーは、

「その依頼には答えることができませんが、バックオフィスに伝えておきます」

と回答。

ダメらしい。「タバコ吸ってもいい？」と聞いても、同じ返事だった。会話が噛み合わない。

が、ここで思いもよらぬことが起きた。

ベッドサイドには電話機ではなくフロントと直通で会話ができるインターホンが設置されているのだが、このインターホンが突如ピロロロロと鳴り、スピーカーの向こうから一方的に、

「この部屋は禁煙です！　タバコは吸わないでください！」

という生身の女性の声が聞こえてきたのだ。

どういうことだろう。いままでの私の質問も、すべてスタッフに聞かれていたのだろうか？

これは確かめねばと思い、館内のスタッフに聞いてみた。すると、

「音声を聞くようなことはしていません。ただし、Tモールジニーが解決できなかった質問については、自動的に文字起こしをしてバックオフィスのスタッフに伝わる仕組みになっています。挨拶や雑談などは記録していませんので、安心してください」

とのことだった。

つまり、Tモールジニーに内蔵されたAIが〝これは人間に伝えるべきだ〟と判断した内容のみ、文字に起こされるらしい。おそらくキーワードなどで判別しているのだろうが、そのメカニズムについては見当もつかなかった。

さらにいうと、「雑談は記録していない」という話も真に受けていいのかわからない。私がTモールジニーに向かって一生懸命語りかけていた内容は、じつはスタッフに聞かれていて、笑いのネタにされていたのでは？　という疑念も湧いた。

まあ、スタッフもそんなに暇ではないだろうが、たとえばチベット人やウイグル人が宿泊した場合、宿泊客がTモールジニーに向かって喋った内容を、政府当局に提出することなども技術的には可能なのだろう。

そんな想像をめぐらしていたら、アニメ声のTモールジニーが急に恐ろしいもののように思えてきた。凡庸なたとえだが、将来はまさに、ジョージ・オーウェル『一九八四年』*の〝ビッグ・ブラザー〟に近い存在になり得るだろう。

（＊注）全体主義国家によって分割統治された近未来世界の恐怖を描いた小説。ビッグ・ブラザーは、作品に登場する架空の人物で、住民はいたるところに貼られたポスターに描かれた「彼の姿」と、スローガン「ビッグ・ブラザーがあなたを見守っている（Big Brother is watching you）」により、絶えず「彼の存在」を意識させられている。

未来のホテルをつくるという理想

チェックアウトの手続きは必要なく、利用時間を過ぎると部屋のカギが開かなくなる仕組みだという。室内に居座っていたらどうなるのかと思って試してみたら、チェックアウト時間を5分ほど過ぎたところでベッドサイドのインターホンが鳴り、

「チェックアウト時間です！」

と人間の声で退室を促された。なんかホッとする。

チェックアウト後に荷物を預けたいとスタッフに伝えたら、ロビーにあるロッカー

防犯カメラ映像で埋め尽くされたスクリーン。中国社会の縮図を垣間見た瞬間だった

を使うよう指示された。ロビーには大小さまざまなタイプのロッカーが置かれており、本来は顔認証でカギの開け閉めができる仕組みになっていたが、あいにく中国の身分証がないとダメで、外国人の場合は顔認証は使えないという。

スタッフを呼んでロッカーのドアを開けてもらったが、フロントに預けるのが当たり前だと思っていた私からすれば、これでも十分、合理的に感じられた。

帰り際、廊下の少し奥まった部屋のドアが半開きになっていたので覗いたら、巨大スクリーンに防犯カメラ映像が１００枚近く映し出され、その前に男性が座って画面を見つめていた。

ホテル内にはロビーや廊下などあちらこちらに防犯カメラが設置されているのだが、この場所はホテル全体の監視塔のような存在なのだろう。

〝見られる側〟にいたときはあまり気にならなかったが、〝見る側〟の視点に立ってみると、見張っている感がすごい。

この空間では、自分の行動がいつも誰かに一方的に見られているのだ。いや、もちろん防犯のためには必要なことだとわかっているが。背中にひんやりとしたものを感じながら、「アリババホテル」を後にした。


【体験後記】

FlyZoo Hotel の客室数は２９０室。同ホテルＣＥＯの王群（ワンチュン）氏によると、同じぐらいの規模のホテルに比べてスタッフ一人あたりの労働効率は１・5倍と高く、会計スタッフの人数は、通常なら20人ほど必要になるところ、わずか3人で済んでいるという。
王ＣＥＯは、「アリババの力でホテルをスマート化させ、ホテル業界が新たに発展

もの運びロボットがお見送り。次回利用時には、どれほど成長しているのだろうか

できるよう挑戦したい」と意気込んでおり、デジタル技術を駆使して未来のホテルをつくるという理想が感じられる。「ホテル版の盒馬鮮生（フーマーシエンシエン）（アリババが運営するネットスーパー）」との評価もあり、旧来の業界にアリババの先端技術を持ち込むことで、革新を起こそうとしているのだ。

現時点では多大な投資金額を回収するには至っていないと思われるが、顔認証にロボット、AIスピーカーを駆使したアリババのホテルは、十分に未来を感じさせてくれた。

たんなる話題作りで終わることなく、もっと進化してほしいものである。

第2章

強行！デジタルショップツアー

飲食店も無人化が進む。店員と顔を合わさず、料理を注文し、受け取れる

〃ニューリテール〃を存分に堪能できるツアー

日本を発つ前、中国語でネットをリサーチしていたところ、「デジタルチャイナ」を体験するための有力情報を発見した。

中国の旅行代理店が企画した「10カ所の〃ニューリテール〃(新零售、新しい小売)をめぐる杭州日帰りツアー」である。

なんだかよくわからないが、近未来感だけは伝わってくる。

〃ニューリテール〃なる単語は近年の中国デジタル事情を紐解くキーワードの一つで、2016年秋にアリババ創業者のジャック・マー氏が提唱したもの。

マー氏によると、リアル店舗とネット販売の垣根は今後一層低くなり、現在のようなオンラインビジネスは10〜20年のうちに消滅するという。一方、AIやビッグデータを駆使してネット販売とリアル店舗を組み合わせる〃ニューリテール〃が進化・発展するというのだ。

浙江省杭州市にあるアリババ本社

少々わかりにくいが、

「ニューリテール＝ネット販売とリアル店舗の良い面を組み合わせた新時代の販売手法」

くらいに捉えればいいのではないか。とにかく〝ネットとリアルの垣根がなくなる〟という話らしい。

しかし、ブドウ狩りやお菓子工場の見学ツアーならわかるが、たんに小売店舗を回るだけでツアーとして成立するのだろうか。

半信半疑でツアーの案内を取り寄せてみると、全体像が明らかになった。上海から高速鉄道で1時間ほどの小都市・杭州をめぐるツアーで、訪問先の10カ所は以下のように説明されていた。

①中国スイーツショップ「知味観（ジーウェイグァン）」　歴史ある飲食店がアリババと協力し〝スマートショップ〟をオープン。クラウド上の商品棚がネットショップと連動し、商品を自宅に届ける

②西渓（せいけい）国家湿地公園　広大な国立公園がアリババグループの未来型スポットとしてオープン。顔認証ゲートを体験しよう

③鴨肉ショップ「留夫鴨（リウフウヤー）」　鴨肉の煮付けを売るテイクアウトショップで、〝レジなし決済〟を体験。スクリーンに向かって笑顔をつくると、〝スマイル割引〟も

④アリババ無人書店「博庫（ボークー）書店」　ＱＲコードで入店し、書籍を選んで顔認証で支払い。ネットを活用したオススメ書籍の紹介や、重力を利用したシステムもあり、人と機械が融合した新しい読書体験が可能

⑤Ｔモールグローバル（天猫国際（ティエンマオグオジー））　海外の商品を購入できるネットショッピングサイト「Ｔモールグローバル」のリアル店舗。店内の商品はネットショップと同じ価

格で、ＱＲコードで検索可能。中国国内で海外商品を購入できる

⑥アリババ経営のショッピングモール「親橙里（チンチェンリー）」　ネット融合型スーパー、ＡＩスピーカー、ネットショッピングサイトのリアル店舗などがあり、顔認証決済、レストランでのスマホ注文などが可能

⑦ネット融合スーパー「盒馬鮮生（フーマーシエンシェン）」　海鮮素材が人気で、その場で調理してもらい、味わうことができる

⑧アリババのスマート化粧室　〝バーチャルミラー〟に姿を映すと、ミラー上でさまざまな商品を試した姿が見られる

⑨スマート中国茶ショップ「西湖茶社（シーフーチャーシャー）」　アリババと協力した中国茶の店で、新型の自動販売機を設置

⑩アリババ未来ホテル「FlyZoo Hotel」　顔認証でチェックインし、いままでにない未来を感じられる

ご覧のとおり、アリババが展開する事業を存分に体験できるツアー内容だ。これだ

けでは何となくしかわからないものの、行程を目で追っていると、ワクワクしてくる。

ツアー価格は一人666元（約1万1000円）。これだけの最新デジタルスポットをめぐれるのはお得な気がするが、あいにく現在は実施していないという。そこで、ツアーの内容をなぞるかたちで、自力で各スポットをまわることにした。
⑩のアリババ未来ホテルは第1章で紹介したので、そのほかのショップを中心に紹介する。

ほぼ完全無人化の書店

とくに印象に残ったのが④アリババ無人書店だ。無人書店は上海市内でも取材したので、合わせて紹介したい。「水と油」のようにも思える本とデジタルが、どう融合するのか。期待に胸を躍らせて、店舗に向かった。

まず、上海市のやや郊外に位置する「志達書店（ジーダア）」は2018年春にリニューアルした際、アリババの技術を導入して無人化した。

「志達書店」の外観。一見すると書店には見えない

店構えはシンプルで現代風だが、重厚な鉄門で覆われており、中の様子がほぼ見えない。本当に無人なのだろうか。

扉を開けて中に入ると、カウンターに2人の女性が座っていて、いきなり有人。だが、その横に入場ゲートが設置されており、店舗の案内があった。

「電子決済アプリ『アリペイ（支付宝）』で入店してください。その際、顔写真を撮影し、顔認証決済システムを起動します。店内を自由に楽しんでいただいたあとは、顔認証で出口のゲートを開きます。代金は自動的に決済されます」

アリペイは中国の代表的なキャッシュレ

本の最終ページには、ＱＲコードと数字の書かれたICタグが

ス決済アプリで、ＱＲコードを提示したりカメラで読み込んだりすることで、登録先の銀行口座からお金を支払うことができる。

自動改札風のゲートはガラス板で遮（さえぎ）られており、その横に小型スクリーンとドーム型監視カメラが設置されていた。

アリペイを開いてスクリーン上のＱＲコードを読み取り、続いて顔写真を撮影。だが、顔認証に失敗しているのにゲートが開いてしまい、何度かやり直すことに。スタッフに手伝ってもらいながら3〜4回ほど試すと、やっと認証した。結局、有人店舗より手間がかかっているような……。

店内はごく普通の書店だが、日本よりも天井が高く、通路が狭い構造になっていた。

顔認証を使った決済方法を気にしながら書棚の本を手にとってみると、最後のページに見慣れないシールが貼ってあるのを見つけた。

QRコードとともに何桁もの数字が羅列されている。1冊ずつICタグが貼られていて、出口ゲートを通過すると自動で感知する仕組みになっているようだ。

ディストピア小説『一九八四年』に関する解説本と、村上春樹に関する解説本を選び、購入することにした。だが、書籍2冊を手に持って出口ゲートを通過しようとしたところ、感知しないままゲートが開いてしまった。このままでは万引きである。

店員に「支払いができないのですが……」と聞くと、本を壁に近づけて数秒かざし、無事支払いが完了した。アリペイから代金40元（640円）が差し引かれていたものの、結局、普通の書店と変わらなくなってしまった。

現時点では無意識に支払いを忘れてしまう恐れもありそうだが、技術が完成すれば、完全に無人化ができそうだ。いまは使い方がわからない人が多いうえに、機械の認識精度が低いため、ヘルプ要員としてスタッフが必要なのだろう。

顔認証ゲートが置かれている書店。だが、隣に木製の入り口も……

使われない顔認証ゲート

杭州市内にある無人書店「博庫書店」も、見た目は普通の書店とまったく変わらない。店内に入ると、入り口に上海の「志達書店」と同じようなカメラ付き自動改札風ゲートが設置されていたが、その横に「通路」と書かれた木製の入り口もある。どういうことか。

少し様子をみていると、すべての客がゲートなしの「通路」を通って入店していた。顔認証は、まったく活用されていないのだ。

ともあれ店内に入ると、アリババのキャラクターをデザインした猫耳のボード前に、大型スクリーンが置かれているのを発見した。

店員によると、スクリーンの前に書籍を置くと重量でどの本か識別し、本の内容や関連書籍を紹介するという。

大型スクリーンに本の説明が映し出される

本の重量など、同一のものがいくつもありそうだが「問題ない。微妙に重さが異なるので、正確に識別できるのだ」と断言していた。だが、実際に試すことができるのはサンプル2冊だけだといい、現物があるのは『最多跑一次改革（ズイドゥオパオイーツーガイゴォ）』というタイトルの1冊のみ。まだまだ試験段階といったところだ。サンプル書籍をスクリーンの前に置くと、たしかに本の内容がモニターに映された。地元政府が、いかに改革に尽力したかを自画自賛する本であった。

鄧小平（とうしょうへい）が表紙の関連書籍も表示されたが、仕組みが単純すぎて、はたしてデジタル技術の成果といえるのかどうかは疑問。〝重さで識別〟は登録する冊数が増えるうちに、おそらく重複が出てきて行き詰まるだろうし、現時点では見かけ倒しの印象が強い。

店員に入り口の顔認証ゲートはなぜ使ってないのかと聞くと、「故障が多いし、手間がかかるからやめている」という、なんとも現実的な返答だった。

なんだか拍子抜けしたが、ハリボテ技術と断罪するのは早計かもしれない。

日本でも紙の書店はどんどん潰（つぶ）れていて、アマゾンなどのネット書店が隆盛を誇っている。なかなか画期的な施策を出せずにいる日本の書店に比べたら、不完全であっても〝リアル店舗とネットを結びつける〟というアイデアを実行している点は評価して良いかもしれない。冊数が増えて重量では区別できなくなったら、その時点で考えればいいのだ。

リアルな書店にはランダムに未知の書籍と出会える良さがある一方、アマゾンで提示される〝あなたへのオススメ〟や〝この本を買った人はこの本も買っています〟といったレコメンド機能は、ネット書店ならではの良さだ。それぞれの良さを結びつけて〝ニューリテール〟を生み出そうという中国の無人書店の試みは、いまだ道半ばとはいえ決して間違っていない。

伝統産業とアリババのタッグ

ハリボテ技術という意味では、⑨中国茶ショップも同じだった。店先に巨大なスクリーンが設置され「スマート自動販売機」と書かれているのだが、じつはマイクロソフトのホームページが映されているだけ。中高年の女性店員に話を聞くと、「以前は画面上で茶葉を摘むゲームができたけど、いまは休止中」とのこと。

パソコンを再起動してもらったら画面にQRコードが表示され、読み込むとスマホゲームのトップ画面が現れたが、すぐにエラー表示。「採茶達人（ツァイチャーダアレン）」という名のゲームで、高得点を獲得すると店頭で茶葉がプレゼントされるとのことだった。

中国のデジタル技術は、いざ現場に行ってみると、このように「休止中」「使っていない」「壊れている」といった頼りない状態であることが少なくなかった。ネットニュースだけを見ていたら、実際以上に過大評価してしまうかもしれない。

中国茶ショップの店内には大型のテレビモニターが置かれ、「天猫（ティエンマオ）（アリババの運営するネットショッピングサイト）智慧門店（スマートショップ）」と表示されていた。

何がどう「スマート」なのかと店員に聞くと、茶葉をモニターにかざしてみろと言う。言われたとおりにしてみると、茶葉の名称や説明文、ネットショッピングサイトでのレビューが大画面に表示された。

どういう仕組みになっているのか尋ねたが、「よくわからない。アリババの人が置いていったのよ」と曖昧（あいまい）な返事。店頭販売もネット販売も、価格は同じとのことだ。

店内を観察したところ、茶葉の入った箱には万引き防止タグのようなものがのり付けされており、テレビモニターの裏には何やら小型アンテナのようなものが立てられていた。これが反応して、モニターに茶葉の説明画面を表示させているようだ。

特別新しい技術ではないように見えたが、画面に商品をかざすと説明文が表示されるというのは、なかなか面白い。伝統産業のお茶屋さんとITの雄・アリババがタッグを組んだというのも、未来の可能性を感じさせた。

店先にユーチューバーのレビュー動画

②国立公園（西渓国家湿地公園）の顔認証ゲートも、行ってみたら「太陽光が反射してうまく反応しないから、いまは使っていない」と言われ、③鴨肉ショップも改装中だった。こんな調子だから、ツアーが中止になるのも納得がいく。

⑧スマート化粧室は女性専用だったため、人がいないあいだに一瞬だけ覗いたところ、電源が入っていなかった。本来であれば、モニターに映った自分の顔を見ながら、画面上で化粧を楽しめる仕組みだという。

①中国スイーツショップは、饅頭などの持ち帰り用の中華菓子を店頭販売していたが、店先に縦長の大型スクリーンが設置され、ユーチューバーのような女性2人が早

口で商品について説明していた。中華ちまきや月餅などをテーブルいっぱいに並べ、試食しながら感想を言い合っている。画面左下には視聴者コメントも表示されていて、質問もできるようだ。私が見たのは録画だったが、もともとはライブ配信していた模様。

これは、中国で流行する「ライブコマース」というものだ。

店員に目の前でああだこうだと説明されるのは時にうっとうしいが、画面越しなら気にならない。日本でも商品レビューの動画は人気があるし、見ていると欲しい気持ちが高まるもの。店先のユーチューバー動画がどれほど売り上げに貢献するかは未知数だが、こうした気軽な「動画接客」は、日本でも増えていきそうだ。

スクリーン画面の横にはQRコードが貼られていて、読み取ると、ネットショッピングサイトへと誘導される。店舗と同じものがネットでも買えるそうで、レビューを見て品定めすることもできる。

ただ、〝ネットと店舗で同じものが買える〟と言われても、いまいちメリットがよくわからない。将来的には、たとえばアパレルであれば、リアル店舗で試着してネットで購入したり、お米やミネラルウォーターなど重いものはネットスーパーで買うなど、両者を平行利用することになるのだろうか。現時点では理念先行のようだが、〝ニューリテール〟の一端を垣間見られた気がした。

液晶パネルを使った丁寧な商品説明

玉石混交（ぎょくせきこんこう）のさまざまなサービスのなかで、アリババ経営のショッピングモール⑥「親橙里」内にあった⑤「Tモールグローバル」のリアル店舗は、開発当時の狙いどおりに運営されているようだった。

中国国内で海外の商品を安価に購入できるネットショッピングサイト「Tモールグローバル」は、日本製品を含む世界各国の商品が購入可能だが、実物を見られないことがネックになっていた。いわゆる〝越境ECサイト〟というもので、税金が減免された保税価格で購入できる。

リアル店舗の店内には、ネット販売で人気の商品が陳列されており、客はモノをみてからネット上で購入できる。店頭での販売はいっさい行なっておらず、欲しい商品

「天猫国際」では、商品を店内の液晶パネルにかざせば、商品説明を見ることができる

が見つかったらネットで注文するシステム。店側としては、店舗に在庫を抱えなくていいというメリットがある。

とくに品揃え（しなぞろ）が充実していたのは、香水とヘッドホンだった。どちらも試してみないと良し悪しがわからないタイプの商品で、この店舗のコンセプトに合致している。店舗は実物を手に取って試すための場で、購入はネット。完全に住み分けができていた。

実物商品の横には電子棚札（値札）が置かれ、液晶画面で価格とQRコードを表示。その場でスマホでスキャンして購入する。非常にシンプルなシステムだ。商品のラインナップは、日本製の紙おむつや水筒、健康食品などのほか、ブランドバッグ、オーディオ機器など中国のアッパー層が欲しがりそうなモノが多数。

店内にはところどころに液晶パネルが設置され「商品のバーコードを読みとってください。詳細情報が表示されます」とある。適当にその場にあった水筒のバーコードをスキャンすると、

「２００４年に大ヒット　いまでも変わらない人気商品　丈夫で臭いが残らない　持ち運びに便利　握りやすく滑らない」

などのアピールポイントが画像付きで現れた。

考えてみれば、リアル店舗の商品は実物があるゆえに、商品紹介が簡素であることが多い。商品に説明文がないことも多く、使い心地やユーザーの感想などもわからない。対してネットで売られている商品は、特徴やアピールポイントの説明が非常に丁寧だ。家電や洋服、雑貨類などをリアル店舗で買う場合でも、購入前に商品をネット検索し、商品説明やレビューを見る人も少なくないだろう。

両者を融合させた〝ニューリテール〟は、何か大きな変革のように聞こえるけれども、私たちが日常でさりげなくとっているこうした消費行動が〝当たり前〟になるよ

うに、現実世界を少しずつ変えていくことでもあるようだ。

「ネットで買う」派も欲しいものがみつかる

同じモール内にあった「淘宝心選（タオバオシンシュアン）」も、比較的成功している部類に入るだろう。個人業者が中心のネットショッピングサイト「淘宝（タオバオ）」が運営するリアル店舗で、扱う商品は食器や寝具、スーツケースなど生活雑貨が中心。タオバオで売れ筋の商品をただ集めて販売しているだけかと思いきや、タオバオで得た消費者のビッグデータを使って新商品開発、つまりはＰＢ（プライベート・ブランド）をつくっているそうだ。

タオバオのＰＢ商品のデザインはかなりシンプルで、無印良品やユニクロのような雰囲気に近い。値段のわりに品質の良い〝高コスパ〟商品が並んでいる。店員に声をかけると、

「『リアル店舗には欲しいものがない、必要なものは全部ネットで買う』という人が多いのですが、そういう人もここならきっと欲しいものが見つかると思います」

「淘宝心選」の店内。シンプルなデザインのＰＢ商品が並ぶ

と胸を張った。

ちなみに、淘宝心選では、日本人プロダクトデザイナー深澤直人（ふかさわなおと）氏とコラボしたブランド「生活分子（シエンフオフェンズ）」も開発。世界水準の製品を生み出している。

卓上のＱＲコードから料理を注文

ツアー訪問先のリストには含まれていなかったが、杭州市内の〝無人レストラン〟も成功例といえる。中華ちまきや麺類などを扱うレストラン「五芳齋（ウーファンジャイ）」がアリババとコラボしたもので、ホールスタッフが不

要の無人店舗である。
外観はごく普通だが、店内に入るとレジがなく、キッチンと客席のあいだにコインロッカーのような扉付きのボックスがずらりと並んでいるのが特徴的だ。壁には注文方法が書かれており、
「着席したらテーブルのＱＲコードを読み取り、スマホ上でご注文ください。お料理が完成したらアプリに通知されるので、取りに来てください」とある。ＱＲコードはアリババが開発した電子決済アプリ「アリペイ」で読み取り、支払いもアプリ上で行なう。

店員と話さなくても、卓上からＱＲコードを通じて注文完了

写真左に並ぶ「コインロッカー」から料理を取り出す

スマホ画面での注文は少し手間どったが、最近は日本でも、居酒屋などタッチパネルで注文する店舗が増えている。あれとほぼ同じ感覚だ。

豚バラ煮込み定食（26元〈416円〉）を注文してしばらく待つと、アプリに通知が届いた。コインロッカー風のボックスに行き、受け取りボタンをクリックすると扉が開き、トレーに載った料理を取り出すことができた（37ページ写真）。

日本では、ショッピングモールのフードコートで番号札を渡されて「何十何番のお客様ー！」と呼ばれたり、小型のマシンを渡されてベルが鳴って取りに行く流れが一般的だが、それをさらに合理化したものといえる。現在はヘルプ要員としてスタッフが一人だけ配置されていたが、客が慣れれば、完全に無人にできるはずだ。

スタッフが半減したレストラン

このレストランでは、ペットボトル飲料や持ち帰り用の冷凍ちまきなどの無人販売も行なっている。商品はすべてタテ型の冷蔵庫に入っており、扉のＱＲコードを読み取ると冷蔵庫の扉が開く。中の商品を取り出して扉を閉めると、自動的に支払いが完了するのだ。

買い物の様子は監視カメラで録画しているため、不正を働こうという気にはならない。決済アプリと紐付(ひもつ)いているため、ある程度の個人情報も伝わっており、それだけでかなりの抑止力になる。

同様の無人販売冷蔵庫は上海の地下鉄構内などでも見かけたが、初めて使ったときは衝撃的だった。どういうカラクリなのか不思議だったが、商品に直径5センチほどのシールが貼られているのを見て、ＩＣタグで管理されているのだとわかった。タグを冷蔵庫から離して扉を閉めることで、購入したとみなされるようだ。

無人化を進めた結果、このレストランではレジ係3名、ホールスタッフ2名、販売員2名を減らすことができ、13名いたスタッフが半減。年間で35万元（５６０万円）もの人件費を削減できたという。

誰とも会話をせず、お金のやりとりもせず、スマホをいじって扉を開けて食事をする。従来のレストランに対する固定観念からすると、かなり殺風景で寂しいようにも思えるが、きっとすぐに慣れるだろう。

日本でもファミレスや牛丼チェーン店など〝コスパ重視〟の店舗では、取り入れる価値が十分あるように思える。逆にいえば、今後は〝人間が接客する＝高級店〟という住み分けが生まれるのではないだろうか。

キャッシュレスを進めた先には、徹底した無人化と合理化が可能になるようだ。

《体験後記》

さまざまな中国最新テクノロジーを見ていくと、「見かけ倒しのハリボテ」と、「実際にうまく機能しているもの」に大別できるように思えた。とはいえ、両者の区別はそれほど明確ではなさそうだ。むしろ、失敗作も含めてさまざまなサービスを試行錯誤しながら次々と世に送り出しているからこそ、そのなかからいくつかの成功例が出てきていると思われる。

失敗を恐れず、まずは「やってみなはれ」。日本人が忘れかけているこの大胆さと勇気、もう少し見習えたらいいのだが。

新小売ツアーで触れなかった⑦ネット融合スーパー「盒馬鮮生」は、特筆すべき点が多いため、次章で詳しく記すことにする。

第3章

新感覚！アリババの「カバさんスーパー」

かわいい「カバさん」のロゴが店頭で迎えてくれるアリババのスーパー

専用アプリで注文後、30分で到着

猛烈な勢いでデジタル化が進む中国社会で、とくに未来を感じさせたのが、ネット融合型スーパー「盒馬鮮生（フーマーシエンシエン）」だ。中国を代表する巨大IT企業アリババが2016年1月から運営を開始し、現在は中国全土に170店舗を構える。

店名の「盒馬」は「河馬（フーマー）（＝カバ）」、「鮮生」は「先生（シエンシエン）（＝〜さん）」と同音で新鮮さを表している。日本語にするなら〝カバさんスーパー〟といったところ。イメージキャラクターとして水色のカバを使っており、最先端技術とは裏腹に親しみやすい雰囲気だ。

専用のアプリから注文すると、店舗から3キロ以内であれば最短30分で配達が可能、というのが最大の売り。当初は完全に配送無料だったが、2019年夏からは、同日に2回以上注文した場合のみ5元（80円）の配送料をとるようになった。

日本でもアマゾンやイトーヨーカドーなどがネットスーパーを運営しているが、まだまだ浸透率が低い。ページを開いたが、結局買わなかったという人も多いのではないだろうか。

では、中国最先端のネットスーパーはどうなっているのか。第2章で触れたアリババが提唱する〝ニューリテール〟の典型事例としても知られており、次世代の流通システムを考えるヒントにもなりそうだ。さっそく乗り込んでみることにした。

頭上を通過するベルトコンベア

上海市内のショッピングスーパーのフロアで〝カバさんスーパー〟を訪れると、まずは店内の清潔感に気づかされた。

いや、中国の既存のスーパーがとくに不潔というわけではないのだが、それでも日本のスーパーに比べると薄暗さや雑然とした雰囲気が強かった。しかし、〝カバさんスーパー〟は商品が整然と並び、既存店舗の一歩先を行っている感があった。

一見すると日本のスーパーとそれほど変わらない雰囲気だが、少し歩いてみると、

〝先進国水準〞の清潔な店内。天井に設置されたベルトコンベアを使って、保冷バッグが運ばれる

頭上のベルトコンベアがすぐさま目に入った。
店内の天井にモノレールの線路のようなものが縦横無尽に張りめぐらされており、いくつかの保冷バッグがレールにぶら下がったままバックヤードへと運ばれていた。コンベアの下には、落下防止用のネットも張られている。

店内には保冷バッグ置き場とベルトコンベアへの輸送ポイントが何箇所かあり、スタッフが忙しく動き回っている。保冷バッグにはハンガーが取り付けられ、コンベアに引っ掛けられる仕組みだ。男性店員を観察していたら、スマホのようなマシンを器用に操りながら保冷バッグを一つ取り、そこへ豚肉や野菜などの商品を詰め込みコンベアへと引っ掛けた。

こうして見ると、店舗の「店員」であると同時に、ネット注文の商品をピックアップする「作業員」ともいえる。保冷バッグに詰め込んでいる最中は話し掛けられるような雰囲気ではない。保冷バッグの行方を追いかけ、バックヤードの扉が開いた瞬間に部屋の中を覗いたら、大量の保冷バッグから発泡スチロールの箱へと梱包する作業が行なわれていた。

店内は清潔感がある一方、ベルトコンベアのゴゴゴゴという作動音がつねにＢＧＭとして聞こえ、倉庫のような寒々しさも感じる。店舗のような倉庫のような、どことなくスウェーデン発の家具販売店「ＩＫＥＡ」の売り場を連想した。既存のスーパーに比べると殺風景で、日本人が使うには〝割り切り〟が必要かもしれない。

「昨日のものは売りません！」

〝カバさんスーパー〟は「盒馬鮮生」という店名の通り、〝鮮度の良さ〟を大きなウリにしている。売り場に陳列されている肉や野菜はパッケージに「水曜日」「土曜日」などと曜日が大きく印字され、古いものは一目で区別可能。「昨日のものは売りません！」という文言がパッケージに書いてあるのも特徴的だ。

曜日表示のない野菜が割安で売られていたので、「これは昨日の野菜を詰め替えたのでは？」と意地悪く店員に聞いてみたが「そんなことはしていません。当日出した

一つひとつパッケージングされた野菜。「6」は土曜日を意味している

商品は売り切っています」と自信満々の回答。鮮度重視のものと安さ重視のものを、分けて販売しているようだ。

日本人の目から見ると、中国のスーパーで売られている野菜や果物は〝傷み気味〟の商品が多いが、ここでは一目で鮮度の良さが感じられた。

中国では、スーパーよりも対面販売の市場で買うほうが鮮度が良いという印象が強かったが、〝カバさんスーパー〟は、そうした先入観の払拭をめざしているようだ。

価格は既存のスーパーや市場に比べるとおよそ1・5倍と割高で、〝アッパー層〟にターゲットを合わせている。たとえば、青梗菜1袋4・2元（約67円）、豚バラ肉450グラム26・8元（約429円）、豆乳750ミリリットル12・9元（約206円）など。品質は良いが、他店ではもっと安く買えると思うと、お金に余裕のある人向けだ。

デパートの食品コーナーや「成城石井」のようなイメージに近く、客層の中心はホワイトカラー。日本へ〝爆買い〟に行くような人びとだろう。

お得すぎる優待割引

もう一つのウリは、店舗内にフードコートを併設し、食事ができる点。鮮魚コーナーの生け簀で魚介類を購入し、その場で調理してもらうこともできる。惣菜類も豊富に並んでおり、家族連れやカップルで賑わっていた。

フードコートはそこまで画期的とは思えないが、買い物客が店内に滞留する時間が長くなるのは、メリットがありそうだ。中国には「外食はどんな食材を使っているかわからないから不安」という考えが根強く、その場で食材を買って調理してもらえる

スタッフユニフォームに刻まれたメッセージからは、自信とプライドを感じる

なら、安心感も大きい。

店内を歩いていると、スタッフの着ている制服に、さまざまなメッセージが書かれていることに気がついた。

「野菜を買うことは、その先にある料理やテーブル、人生の幸福を買うことと同じです」（上写真）

「新鮮さのない生活は、本当の生活ではありません」

「食を知るものは英雄だ」

なかなか意識が高いというか、やたらと志が高いのである。このあたりも、ロハスやシンプルライフの考えに近い現代的なセンスを感じる。

支払いはすべてセルフレジで自動化されており、アリペイと連動しているスーパーの専用アプリで行なう。まごついているような人は見当たらず、スムーズに会計を済ませている。客もかなり慣れているようだ。

会計時のスクリーンはタテ50センチほどの大型サイズのため、年配者でも使いやすい。「ポイントカードはありますか？」「支払い方法をお選びください」「バーコードのない商品はこちらを押してください」などと余計なことをゴチャゴチャ聞かれることがなく、手順は非常にシンプル。セルフレジ導入のポイントは、できるかぎり手順をシンプルにして、誰でも頭を使わずに使えるようにすることだ。そんなことを気づかされた。

店内には有料会員募集のポスターが貼られており、年間２１８元（３４８８円）を支払うと、毎週火曜日は全商品12％オフ、毎日来店時に野菜プレゼント、牛乳５元（80円）値引きなどの優待がある。

特筆すべきは、優待で得られた金額が２１８元以下の場合、年会費がその分割り引かれ、差し引きゼロになるという点。少なくとも、絶対に損はしない計算になる。なんとも良心的ではないか。

消費者はリスクゼロの〝お得感〟に惹かれ、とりあえず入会してしまう。人間の心理をついたこうしたマーケティング戦略は、日本も真似していいだろう。

買い物データを販促に活用

さらに歩いていると、商品棚のところどころにスクリーンが設置されていることに気づいた。

「お買い得商品をご案内します」と表示されたスクリーンをタッチすると、次々と画面が切り替わる。内容は次のようなものだ。

「過去24時間でよく売れている洋酒はこちら　洋酒購入者の15・5%が選択　イエガーマイスター　ドイツ産」

「90年代生まれ（＝20代）によく飲まれている洋酒はこちら　過去1カ月間の購入者の11・5%が90年代生まれ　ベイリーズ・オリジナル　アイルランド産」（次ページ写

真）

「80年代生まれ（＝30代）によく飲まれている洋酒はこちら　過去1カ月間の購入者の9・4%が80年代生まれ　ジムビーム　アメリカ産」

「炭酸飲料のベストセラー　トップ3　①コカ・コーラ　②炭酸ライチ　③ペプシコーラ」

「こちらの商品はレビュー評価が高いです　梨ドリンク」

　これまでは店員が手書きで「よく売れています！」などのポップや販促ツールを使うことはあったが、世代や時間単位で区切って売れ筋の商品をデジタル提示するのは、ネットスーパーならではだ。そ

商品棚のスクリーンにはお買い得商品やオススメ商品が映し出される

のうち顔認証機能で本人を識別し、より明確にターゲットを絞ってオススメ商品を提示するようになるかもしれない。

先述したセルフレジはたんにレジ打ちの手間を省くだけでなく、性別や世代といった属性をデータとして記録し、誰に何が売れているかを明らかにするためのものでもあるのだ。

使えるデータはとことん活用する。この商魂には目を瞠(みは)るものがある。

並ばなくても買えるスターバックス

店内には「スターバックス・セルフステーション」なる一角もあった。

一見すると店全体が箱のようなつくりになっており、カウンターも見当たらない。まさに無人スタバだ。

中国でもスタバは人気ブランドの一つで、都市部ではあちこちでスタバのロゴが目に飛び込んでくる。ロゴが描かれた衝立(ついたて)の裏を覗いてみると、〝無人レストラン〟

（59ページ写真）でも見たコインロッカー風のボックスが並んでいた。
スーパーの専用アプリからドリンクを注文すると、15分以内にスタバの店員が商品をロッカー内に届けてくれるという。ドリンクが到着するとアプリで通知され、スマホに表示されたバーコードをロッカーにかざすと、扉が開く仕組みだ。

スタバのコーヒーもカウンターに並ばずに、ロッカーから取り出す

なるほど、こうした手法をとれば、わざわざ対面で紙コップを手渡しする手間がなくなる。スタバのレジ横でダラダラと出来上がりを待つこともない。アプリで注文すればいいので、そもそもカウンターまで行く必要すらないのだ。

キャッシュレス社会の先に

は、時間や空間の制約から自由になれる世界が待っているのかもしれない。待ち時間や移動時間も、いまよりもっと少なくなるに違いない。

体験！　宅配サービス

その後、店の外に出て店舗全体をぐるりと回ってみると、店の裏手に電動バイクにまたがった多数の配達員が待機していた。

荷台には、灰色の発泡スチロールの箱を載せている。時折、スマホで呼ばれるや地下駐車場へと向かっていき、荷物を載せて出発していた。

筆者も買ってみようとホテルに戻ってからスマホで注文を試みたが、徒歩圏内に店舗があるにもかかわらず「配達範囲外」と表示されて購入できず。が、後日北京を訪れた際に再度試してみたら、「配達可能」と表示された。時間が経ってサービスが向上したのかもしれない。

さて、操作具合はどうか。肉類、魚介類、野菜類、冷凍食品など、イラストととも

スーパー裏手で待機する配達員たち

に分類されているので、欲しいものが選びやすい。闇雲に商品点数を増やすのではなく、あえて点数を絞ることで使い勝手を良くしている。

日本のスーパーで買い物をしていると、たとえば卵１パックがほとんど同じ値段で10種類以上棚に並んでいて、かえって選びにくいと感じる。〝選択肢が多い〟ということは、必ずしも便利さとイコールではないはずだ。

肉類は調理ができないので見送り、ヨーグルトと豆乳、ライチを選んでカートに入れた。アマゾンで買い物をするのと同じ要領だ。

操作を進めていくと配達時間を選ぶ画面になり、30分刻みで到着時刻を選択。このときは午前11時6分だったが、表示されたのは最速で11時半~12時の時間帯だった。少々タイミングが悪かったのかもしれない。

支払いを終えると、しばらくは「配送準備中」との表示が続き、11時32分に「パッケージ作業開始」、34分に「パッケージ完了」、36分に「配送中」と進行していった。これは早い。店員さんが、保冷バッグから商品を詰めている姿が眼に浮かぶ。

同時にアプリ上に地図が表示され、バイクにまたがったカバのアイコンが動き始めた。一昔前の中国と比べたら、丁寧すぎるくらい行き届いたサービスである。「ウーバーイーツ」もそうだが、アプリ上で配達員の現在地がわかると、到着時間の見当がつくので非常に楽だ。「ちょうどいま出ました」と、昔のそば屋の出前のようなウソをつかれることもないし、いつまで待たせるのかとヤキモキもしない。

画面上のカバの動きを見ていたら、予定時間ギリギリの12時直前、ホテルのドアをコンコンとノックする音が聞こえた。ドアを開けるとヘルメットをかぶった配達員が、ビニール袋を片手に立っていた。「西谷格さんですか?」と聞かれて「はい」と答えると、無言で袋を手渡され、配達員は早足で去っていった。

このときは1時間近くかかってしまったが、タイミング次第では30〜40分程度で到着する場合もあるようだ。近所のスーパーに行って買い物をすると、最低でも往復20分ぐらいかかる。よほど急いでいなければ、〝カバさんスーパー〟を使ったほうが時間の節約になりそうだ。

「袋詰め」がもたらす絶対的な安心感

〝カバさんスーパー〟の配達員は、どのぐらい給料をもらっているのだろうか。興味本位で求人広告をネット検索してみると、こんなことが書かれていた。

「月給８０００〜１万元（12万８０００〜16万円）、車両やヘルメット貸与、事故保険あり、同方向へまとめて配達可、１往復で３〜７件、１件５・５元（88円）、１日平均50件、ボーナス８００〜２５００元（１万２８００〜４万円）、午前７時〜午後７時または午前９時〜午後９時、週休１日」

同様の求人広告を探すと、「最低保障4500元（7万2000円）、800件達成でボーナス1200元（1万9200円）、1000件で1600元（2万5600円）、1500件で2300元（3万6800円）」などの文言もあった。

ある程度自由に働けるとはいえ、毎日12時間労働はなかなかしんどそう。食事休憩1時間を差し引いて11時間働くとしても、1日50件をこなすには、およそ13分おきに1件配達する計算だ。

ホテルにビニール袋を持ってきてくれた配達員がすごい勢いで去っていったのは、このためだろう。時は金なり。到着が予定時間ギリギリになったのも、できるだけ同じエリア内で件数をまとめるため、準備と配達に時間を要していたからに違いない。

店内で保冷バッグに商品を詰めていたスタッフの給料は、月給5000～8000元（8万～12万8000円）とあったので、配達員はハードである代わりに高収入の仕事といえそうだ。

日本へ帰国後、「アマゾンフレッシュ」やイトーヨーカドーのネット販売を試そうかと思ったが、結局やめてしまった。画面上ではいかにも上質そうな肉や野菜の写真がアップされているが、本当にこんなものが届くのかな？ と疑問をもってしまったからだ。ファミレスやファストフード店のメニュー写真同様、実際に届くものは少し違うかもしれないと不安になった。

そう考えると、〝カバさんスーパー〟のメリットにあらためて気がついた。

店舗内でスタッフが商品を袋詰めしている姿を実際に見ているので、絶対的な安心感があるのだ。

店頭に並ぶ商品とまったく同じものが自宅に届くのだ、とはっきりわかる。「店頭と同じ品質のものをお届けします」等々、あれこれ言葉を並べるよりも圧倒的な説得力があった。

どんなものが届くかわからない不安が払拭されることで、消費者は野菜、魚、肉から調味料、日用品に至るまでカートに放り込んでいく。リアル店舗での袋詰めの効力、恐るべしである。

アプリをスマホ内で眠らせない

あらためて〝カバさんスーパー〟アプリを開くと、購入した商品はすべてレビューを付けることができ、電子領収書まで発行できることがわかった。たんに商品を選ぶだけでなく、「あなたへのオススメ」や「料理レシピ」「コミュニティ」といった項目まである。

「あなたへのオススメ」は過去の購入履歴や属性をもとに、次に購入すべき最適な商品がレコメンド表示されるもの。スーパーの商品を端から端までチェックするのは非常に労力がかかり、不可能に近い。オススメされたもののなかには、「こんな商品もあるのか」という発見もあって楽しみも増える。

「料理レシピ」を開くと、「鶏肉とじゃがいもの甘辛煮」「骨付き豚のしょうゆ煮」「インゲン豆とひき肉の炒めもの」といった家庭料理のつくり方が掲載され、画面をスクロールすると必要な材料をすべてネットで注文できる仕組みになっている。

レシピはクックパッドのようなレシピサイトから転載されたものだ。クックパッドを見ながら材料をネット注文でき、30分少々で配達される。そのあいだに別のことができると考えたら、かなり時間を有効に使えるのではないだろうか。

日本でも〝ミールキット〟と呼ばれる食材セットの需要が高まっているが、ネットスーパーが普及すれば、より手軽に〝ミールキット〟に近いサービスを受けられることになる。

「コミュニティ」では、会員同士で試食品の実食レポートを報告し合ったり、「冬場のオススメ鍋は？」などのお題に沿ったコメントが書き込まれ、楽しく情報交換できる仕組みになっていた。もしかしたら自社が用意した〝サクラ投稿〟もあるのかもしれないが、アプリを見ているうちに自然と買い物をしたくなるように工夫されている。

さらに、アプリ内には「カバさん村」というページがあり、アプリを開くと毎日１回、一定のポイントが付与される。買い物をしたり、コミュニティページに書き込んだりすることでもポイントが与えられる。

貯めたポイントは店舗で食材と交換したり、各種キャンペーン申し込みの際に使ったりできる。アプリをスマホ内で眠らせず、あの手この手で開かせようという狙いがあるのだ。

また、外部のレシピサイトとは別に、自分でつくった料理を投稿するメンバーも募集していた。メンバーはスーパーの食材でつくった料理をアプリ上に載せるほか、オフラインでのミーティングも実施するという。「店舗と消費者」という一方的にモノを売る関係ではなく、双方向的に〝カバさんスーパー〟を盛り上げるファンクラブのようなものを構築しようとしているのだ。

こうしたさまざまな機能を考えると、〝カバさんスーパー〟はたんなるネットスーパーではなく、レビューや文章投稿、会員同士の交流といったネットならではの機能を兼ね備えていることがよくわかる。実際に見ることはできないものの、レビューがあるので、それほどひどい商品を掴まされる心配はないはずだ。

商品価格が一目でわかり、セール品やオススメ商品が提示され、試食レポやレビュー、料理レシピまである。クリックするだけで自宅まで30分少々で届き、購入履歴も残る。こうしたメリットを考えると、もはや既存のスーパーで店内をあっちこっちウロウロしながら安い品物を物色し、レジに並んで会計を済ませ、レジ袋を両手にぶら下げて家まで運ぶという作業が、すべて時代遅れのように思えてくる。

〝カバさんスーパー〟という名前からは想像もつかない〝ニューリテール〟の形を目の当たりにした。

《体験後記》

アマゾンが２０００年に日本に上陸した当初、ネットで書籍を買うのは新奇で珍しい行為であり、普及するかどうかは懐疑的な声もあった。が、いまではごく当たり前のように浸透し、高齢者から子供まで買い物を楽しんでいる。

日本ではセブン＆アイをはじめ、多くのスーパーやコンビニがネットショッピングに力を入れているが、いまのところ既存のスタイルを覆すような消費革命は起こせていない。〝カバさんスーパー〟に比べると利便性の向上はもちろんだが、ユーザーを虜にさせる仕掛けや、新しいライフスタイルを提案する力が不足しているように思える。

ネットの良さを最大限に生かし、やれることは何でもやる。

そんな貪欲（どんよく）な商売意欲を「アリババが提唱する〝ニューリテール〟」からはひしひしと感じ取ることができた。

ネットスーパー市場には、ネットショッピングサイト大手「京東（ジンドン）」や家電量販店「蘇寧（スーニン）」も参入しており、さらなる拡大が見込まれる。

アリババが想定する買い物客は、中国国内に留（とど）まらないだろう。〝カバさんスーパー〟が日本に進出し、私たちが当たり前のようにアプリで買い物をする未来は、それほど遠くないのかもしれない。

第4章

百花繚乱！最新キャッシュレスサービス

ドリンクの自販機も顔認証で決済。スマホすら不要の完全手ぶらで購入できる

全国民キャッシュレスがもたらす最大の利点

「国民全員がスマートフォンを持っていて、いつでもどこでも、キャッシュレス決済ができる」

中国では、この大前提のもと、新しい技術やサービスがつくられている。

もちろん、中国でも子供やお年寄りはスマホを持っていない人がいるが、だからといって、「スマホを持っていない人のために、現金決済を残しておこう」という考えにはならない。カセットテープやLPレコードが淘汰(とうた)されたのと同様に、古いものは淘汰されるべきという思想が社会に満ちているのだ。スマホの普及率は明らかに日本以上で、ガラケーを持ち歩いている人など、もはや一人もいない。

現地を歩いていて痛感したのは、キャッシュレスの利点は、「お財布を持ち歩かなくて済む」「レジが混雑しない」「小銭を払いやすい」「飲み会でワリカンしやすい」などに留まらないということだ。それらはごく、表面的なことにすぎない。

キャッシュレス決済が普及すれば、時間や空間に縛られることなくモノやお金のやりとりができ、社会の仕組みを根本的に変える可能性がある。そして、現金ベースの世界では想像もできなかったような新しい商品やサービスが生み出される。これこそが最大の利点だ。

中国社会に少しでも身を置くと、そのことを否応なしに痛感させられる。日本も本気で5GやIoT（モノのインターネット）などのデジタル文化を根付かせるつもりなら、中国を見習えとまではいわないが、世界の先行モデルを参考にしながら、一刻も早くキャッシュレス社会の実現をめざすべきではないだろうか。

日本より一足先にキャッシュレス社会を実現させた中国では、新サービスが次々と誕生している。なかには荒削りなものもあるが、完璧を目指さず〝7割の完成度〟でどんどん市場に実戦投入し、トライ&エラーを繰り返すのが中国流である。実際のところはどうなのか、紹介したい。

サービス① 路上に設置された「冷蔵ロッカー」

中国の住宅街は団地スタイルが大半で、柵で囲まれた団地のエリア内は「小区（シャオチュ）」と呼ばれている。

たとえば、私はかつて上海市の建徳路（けんとくろ）という通り沿いにあった「建徳小区」という団地の一室に住んでいた。「建徳小区」には6棟ほどの集合住宅が建っており、エリア内には小さな公園のようなスペースや、ベンチなどもあった。

塀の外に出ると完全に路上だが、「小区」のなかは顔見知りの人たちが多く、明らかに治安が良い。出入り口には、警備員が常駐。町内会のような安心感があり、廃品回収や牛乳配達なども、こうした「小区」ごとに行なわれることが多い。

上海市内を歩いていたら、とある「小区」の入り口に日本では見慣れないロッカーのようなものが設置されているのを発見した。なんだこれは？　と思って近寄ると、銀色のロッカーの上部には「食行生鮮（シーハンシェンシエン）」というサービス名と「冷蔵」「冷凍」という文字が書かれており、食品を保管するスペースだとわかった。ネット検索してみると、冷蔵ロッカーを使ったネットスーパーだった。

サイトには、サービスの特徴が並ぶ。

「市場（青果店・鮮魚店・精肉店が集まった食品販売所で、中国で生鮮食品を買う場所としてはもっとも一般的。安価だが、やや不衛生な印象）と同等の価格で、自宅のすぐそばまで届けます」

「汚い市場とも混雑したスーパーともサヨナラしよう」

「専用の冷蔵車を使用。徹底したコールドチェーン（低温で管理された物流システム）で新鮮な食材を届けます」

食品安全の意識が高まっているため、「厳選した産地から直送」「残留農薬の検査結果は、スマホで確認可能」などのアピールも忘れていない。

いったいどういうビジネスモデルなのだろうか。興味は深まるばかりだ。

冷冻
02
01
食行生鲜
让生活更美好
www.34580.com
01
07
方光
176 0211 5480
02
08
03
09
04
10
05
11
06
12

街中に突如現れた巨大な「冷蔵ロッカー」

仕事帰りに魚や牛乳を取り出す

「食行生鮮」のサービスは、2012年に上海に隣接する地方都市・江蘇省蘇州市で始まり、2017年5月に上海に進出。2019年6月時点では、上海周辺の3都市(上海・蘇州・無錫)で3281の冷蔵ロッカーを設置し、281万戸の家庭をユーザーにもつという。人口の多い中国とはいえ、このユーザー数は看過できない。

アプリをダウンロードして画面を見ると、アリババの〝カバさんスーパー〟(第3章)とほぼ同じデザインだが、商品の価格は一般的なスーパーと同じぐらいに抑えてある。

一方、配達には少し時間がかかり、前日の深夜24時までに注文すると、翌日の16時以降に到着するスケジュールとなっている。すぐには到着しないものの、前日の晩に自宅の冷蔵庫を見ながら注文しておけば、翌日には届く。十分便利だろう。

バイクではなく、トラックを使ってまとめて各ロッカーに配送するため、会社にとっては、配送コストを低く抑えられて合理的な面もある。

ユーザーファーストも徹底されている。配送料は、29元（464円）以上購入すると無料になる。少し買い物をすれば条件に達しそうだ。

また、ロッカーの開閉は、スマホに通知されたパスワードか、事前に配布されたカードキーを使う。駅のコインロッカーを借りた経験のある人なら、カギ代わりとなる交通系カードをイメージしてもらうとわかりやすい。

忙しいビジネスパーソンが帰宅時に、マンションの入り口で晩ごはんの食材をロッカーから取り出せたら、どんなに便利だろうか。もっとも、日本の場合は「小区」のような自宅と路上の中間に当たる場所がないので、タワーマンションのような大規模な集合住宅でないと、同じモデルを導入するのは難しいかもしれない。

いや、日本にも良い場所があった。コンビニだ。宅配便やクリーニングの受け渡しができるのと同様に、コンビニの一角にネットスーパー用の冷蔵ロッカーを設置する方法を採用すれば、サービスは根付くかもしれない。

〝カバさんスーパー〟のように最短30分で自宅に届くスピードも魅力だが、輸送コストや受け取りの手間を考えると、ロッカー式も合理的だ。

サービス② 宅配便の受け渡しができる「スマートロッカー」

団地の共用部分には、スマホを使って宅配便の受け渡しができるロッカーも増えている。スマホと連動したロッカーは「スマートロッカー」と呼ばれるもので、中国では普及が進んでいる。受け取りだけであればただの宅配ロッカーだが、宅配便の集荷も扱っている点がポイントだ。

代表的なサービスは、「HIVE BOX（豊巣）」。

ロッカーに取り付けられた大画面の液晶モニターに触れると、「受け取る」「発送する」「預ける」の3つの機能を選択できる。「夜でも発送できます」と書かれており、利便性は高い。

中国では宅配便を送りたい場合は集荷に来てもらうのが一般的だが、夜間は受け付けていなかった。急ぎの配送も朝まで待たなくてはならず、いつでも手続きできるとなれば、画期的だ。

ロッカーには大中小と3種類のサイズがあり、配達料金は上海市内であれば、大17元（272円）、中13元（208円）、小9元（144円）。

ただ、日本の場合はコンビニやマンションなどで荷物の受け取りや発送が可能なので、スマートロッカーの普及の余地は少ないかもしれない。

日本のコインロッカーのように液晶モニターで操作。〝モノのインターネット化〟が着々と進んでいる

サービス③ 信用スコアを運用した「レンタル傘」

上海の地下鉄構内やショッピングセンターなどで目に飛び込んできたのが、傘をレンタルできるマシン。傘用ロッカーのような物体に、大きなスクリーンが設置されている。収納できる傘の本数は、40本ほどだろうか。

サービス名は「摩傘（モオサン）」。

早速、マシンに貼られていたQRコードを読み込み、アプリをダウンロード。アリペイのアカウントで登録すると、すぐに使える状態になった。アリペイのアカウントは、もはやネット空間における〝身分証〟に近い。

デポジットは39元（624円）で、アリペイを通じて支払う。ただし、「京東小白（ジンドンシャオバイ）」という信用スコアサービスのポイントが60点以上だと、デポジット不要とのこと。

中国では、国を挙げて「社会信用スコア」なるものの構築を進めている。各人の預貯金や社会的地位、交友関係などをもとに、その人の〝信用度〟を数値で表現したものだ。数値が高ければ、デポジット不要でホテルに泊まったり、各種サービスを利用したりと、生活上のメリットが得られる。賃貸物件を契約する際にも、有利な条件で借りられるケースもあるというから、侮（あなど）れないのだ。

最も有名な信用スコアは「ゴマ信用（芝麻信用（ジーマーシンヨン）、セサミクレジット）」だが、「京東小白」も同じく信用スコアを運用したサービスを展開している。筆者は「京東小白」を使っていなかったので、そのまま39元を支払った。

画面上の地図に傘の設置場所が表示され、貸出できる本数と返却できる本数がそれぞれ表示される。近くに設備がないときは、この地図を見ればいいわけだ。

駅構内にある傘のシェアマシーン。急な雨でも安心だ

画面上の「解錠」ボタンをクリックするとＱＲコードが表示される。それをマシンに設置されたリーダーで読み取ると、ロッカーのカギが解錠され、傘を取り出せる状態になった。

傘はやや小ぶりだったものの、十分雨はしのげる。骨はプラスチック製で、金属よりも壊れにくそう。料金は１日（24時間）2元（32円）で、7日間連続で使うと自動的にデポジットが没収され、購入したと見なされる。

「借りパク」を防げる合理的なシステムといえる。

失敗を糧にサービスをアップデート

「摩傘」は2017年8月から上海でサービスが始まり、当地がかつて「魔都」と呼ばれたことから、魔と同じような発音の摩という文字を使ったという。

上海滞在中、突然の雨に見舞われ、好機到来とばかりに「摩傘」を使ってみた。カギが開かないのではないか、ボロボロの傘が出てくるのではないかと少々不安だったが、あっけないほど簡単に傘が開き、状態もとくに問題はなかった。

このときは1時間ほどで雨が止んだので、用事を終えて同じ駅で返却した。返却時は、空いているスペースに傘を引っ掛けるだけ。スマホに触れる必要がないので、非常にスムーズだった。

雨が降り続いていた場合、自宅やホテルまで持ち帰って翌日返しに行くことになりそうだが、値段の安さを考えれば、許容範囲といえる。

上海では、2005年ごろにはすでに駅でのレンタル傘サービスが存在したそうだが、ほとんどの傘が返却されず、登録情報も偽名や虚偽の電話番号ばかりだったため、間もなく破綻したという。

「摩傘」は性善説に頼ることなく、「借りたものを返さない人がいる」という前提に立った上で、キャッシュレスと信用スコアを駆使し、レンタル傘をビジネスとして成立させた。失敗を糧にして、大胆にビジネスモデルを転換する姿勢は、さすがである。

日本のレンタル傘サービスにはない「対応」

とはいえ、レンタル料1日2元で、利益は出るのだろうか。有難くサービスを享受しておきながら心配になった。だが、運営会社「上海 天傘網絡科技（ティエンサンワンルオコージー）有限公司」の梁（リャン）瑞（ルイ）COOは、中国メディアからの取材にこう答えている。

「傘のレンタルだけで利益をあげようとは思っていません。将来的には、さまざまな情報をシェアすることで、価値を生み出したいと考えています」

傘の利用頻度やユーザーの移動距離といった〝ビッグデータ〟が、収益を生むというのだ。また、傘ロッカーに設置された55インチのモニターに映される広告も、利益を生んでいるとのこと。39元のデポジットは、傘の原価と同じぐらいだという。

レンタル傘のビッグデータがどれほどの価値を生むのかはわからないが、「塵（ちり）も積もれば山となる」である。毎日多くの人が駅を利用するなかで、たとえば、「雨の日に傘を忘れる人」には何かしらの共通点が見いだせるかもしれない。

ちなみに、日本でも同様のサービス「アイカサ」が2018年から始まっている。デポジットは不要で、料金は1日（24時間）70円。1カ月の上限金額は420円で、上限に達すると使い放題となる。実質的には、6日間以上使うと、使い放題になる計算だ。利用時にはスマホに送られてきたパスワードを使うため、「摩傘」よりも一手間多くかかる。その代わり、摩傘よりも設備が簡素なので、設置コストは抑えられそうだ。

アイカサは返却を怠った場合、翌月もまた上限420円で料金の徴収が続く。なくしてしまった場合は、紛失申請をしたうえで、864円を支払って買い取ることになる。

両者を比較して感じる最大の違いは、「なくした場合」の対応だ。摩傘は自動的にデポジットが没収されて買い取りになるのに対し、アイカサでは半永久的に料金が発生し続ける（その代わり、デポジットはない）。

後述するモバイルバッテリーのシェアも同様だが、中国のシェアビジネスは〝性悪説〟を前提に設計されているからこそ、使い勝手が良いともいえる。

レンタル傘のケースでいえば、中国では「なくす・壊す・忘れる」という前提があるから、デポジットをしっかり取る。その代わり、なくした場合は何もしなくていい。

一方、日本の場合はあくまで「借りたものは返すべき」という前提でサービスが運用されている。レンタルサービスである以上、ちゃんと返却するほうが望ましいが、利用する側としては「返すのを忘れても大丈夫。欲しかったら使い続けてもいい。ただしデポジットは没収する」と言われるほうが、「絶対に返せ」と言われるよりも気楽ではないだろうか。何も高級車やスマホを借りているのではなく、安価なビニール傘なのだから。

日本人は諸外国に比べてマナーが良く、道徳心も高いといわれている。だが、あえて〝性悪説〟に立って制度設計することで、結果的に、誰もが使いやすくなるということはあるのかもしれない。

サービス④ 日本にも進出した「モバイルバッテリーシェア」

レストランのレジ横やビジネスホテルのフロント、ショッピングモールの一角など、上海では街中のあちこちに「モバイルバッテリー」がシェアできるスポットが設置されている。

「街電（ジエディエン）」「小電（シャオディエン）」など数社あったが、とくに街中で目立ち、最大手と見られるのが、「怪獣充電（グァイショウチョンディエン）」だ。英語名は「エナジーモンスター」。栄養ドリンクのような名前で、元気が出そう。

　使用する際は、QRコードを読み取りアプリをダウンロード……、と思いきや、ダウンロードの必要はない。アリペイまたはウィーチャット（微信（ウェイシン））を立ち上げて、カメラでQRコードを読むと、そのまま怪獣充電のサービス画面へと移動する。「アプリ内アプリ」あるいは「ミニアプリ」と呼ばれるもので、中国語では「小程序（シャオチェンシュ）」という。

「モバイルバッテリーシェア」のスポットは街のいたる所にある

サービスごとにさまざまなアプリをダウンロードしていては、スマホの画面がアプリだらけになってしまうが、こうした「ミニアプリ」を活用すれば、アリペイやウィーチャットを入り口に、さまざまなアプリ機能を拡張できる。何より速い。アリペイやウィーチャットが「スーパーアプリ」と呼ばれるのは、このためだ。

もちろん、頻繁に使う場合は、怪獣充電のアプリをダウンロードして使うこともできる。

ミニアプリ内で99元（約1600円）のデポジットを支払い、バッテリーが充填(じゅうてん)されたボックスのQRコードを読み取ると、カシャッと本体が飛び出てきた。

私が借りた際の料金は1時間2元（32円）で、1日の上限は20元（320円）。連続使用の場合は99元が上限となり、99元に達すると買い取ったと見なされる。また、10分以内の利用であれば、無料で使える（レンタルする場所によって、金額は多少異なる）。

日本では「チャージスポット」という名称で同一のサービスが拡大している。「チャージスポット」と「怪獣充電」は使われるモバイルバッテリーの規格が同一で、アプリ画面もほぼ同じ。怪獣充電を運営する中国企業が、日本に進出したと見ていいだろう。

チャージスポットの運営会社「インフォリッチ」の代表者は、日本と香港の国籍を有する華僑の男性だ。デジタルサービスの分野では、日本人の気づかないうちに、どんどん中国資本が入ってきているのである。〝先進地域〟のサービスが流入するのは当然のこととはいえ、日本のベンチャー企業も意地を見せたいところだ。

サービス⑤

人気レストランで並ばずに食事ができる「スマホ予約システム」

人気のレストランや飲食店は、中国でも行列になることがよくある。日本では予約を取って管理することが多いが、中国では番号札を取って待つケースのほうがじつは一般的。

ショッピングモールなどで、人気店の入り口に大量の椅子が何列も並んでいる光景はお馴染みである。長いときは1時間以上待つことになるが、この問題を解消するアプリが、「美味不用等（メイウェイブウヨンダン）」だ。

中国語の「不用等」は「待つ必要がない」を意味し、アプリ名を日本語に訳すなら「待たないグルメ」といったところ。スマホで番号札を取得し、番号が呼ばれるまでに店の前にいれば、待たずに入れるという優れものだ。

操作方法だが、アプリを開くと「人気店」「近くの店」「ビジネス向け」「デート向

アプリの表示画面から待ち時間が一目でわかる

け」などの選択肢から、行きたい店を選ぶ。
「人気店」の一覧を開くと、現時点で並んでいる人数が、リアルタイムで表示される。あえて混雑度の高い上海料理の店を選ぶと、「小テーブル：32卓待ち　待ち時間30分以上」と表示された。私の前に、すでに32組が並んでいるのだ。

画面内には、「番号を取得する：2元（32円）」とあった。予約するのにお金を払うのかと驚いたが、仕方なくボタンをクリックすると、アリペイまたはウィーチャットペイを選択する画面になり、2元を支払った。

支払いを終えると、「待ち番号：B89」と表示された。だが、いつ番号が呼ばれるかは、正確にはわからない。

アプリ画面には、「待ち時間30分以上」とあるものの、「待ち時間は目安にすぎません。番号を呼ばれるスピードに注意し、呼ばれたら、スタッフにお声がけください。不在により番号を飛ばされた場合、無効となります。その際、手数料は返金しません」

とも書いてある。

並んでいる組数（待ち卓数）と予想待ち時間はアプリを見ればわかるので、自分より先に待っている組数の減り具合を見ながら、ほどよいタイミングで店に向かうことにした。

鳴りやまないアプリの通知音

番号の減り具合は思ったより遅かったが、番号取得から40分を過ぎると待ち卓は6

店入り口には、番号札を受け取る機械が設置されていた

卓に。そろそろだろうか。

このあたりからアプリの通知が頻繁に届くようになり、自分の番号が近づいていることを何度も知らされる。早く店に来いと急かされているようで、少し気持ちが焦る。

しかも、番号が減るスピードが急激に速まりだした。夜のピークタイムを過ぎて、客が続々と帰り始めたのだろう。レストランで食事をするというだけで、こんなに急かされるとは思わなかった。

「待ち時間は目安にすぎない」というのはその通りだ。一定のスピードで進むと思ったら大間違いで、ピークを過ぎると急激に速く進む。早めに行って、店の近くで時間を潰すのが賢明かもしれない。

「3卓待ち　待ち時間9分」の時点で、無事お店に到着。20人ほどの客が店先の椅子に座って並んでおり、入り口には番号を表示する電光掲示板があった。番号札を取得する機械も設置されている。

店員に声をかけると「番号を呼ばれたら来てください」とのことで、紙の番号札と扱いはまったく同じ。待っているあいだに女性2人組に話を聞くと、

「1時間も並んでいます。そんなアプリがあるとは知らなかった」

と言う。紙で順番待ちをしていた2人が、少々気の毒に思えてくる。

しばらくするとiPadを片手に持った店員が現れ、彼女たちの番号と私の番号が同時に呼ばれた。

スマホで番号を取得してから59分待ったことになり、現場で待機していた彼女たちと同じ扱いだ。しかし、私のほうは呼ばれる10分前に店に到着したので、ほとんどストレスがない。アプリの通知音さえ気にならなければ、最高のサービスだ。

「ノーショウ」を防ぐ画期的なシステム

このサービスのポイントは、番号取得に2元とはいえ、保証金として料金を徴収できる点だろう（店舗によって金額は異なる）。

無料で予約を受け付けると、とりあえず番号だけ取って予約をした人がキャンセルの連絡もないまま現れない「ノーショウ（無断キャンセル）」となりがちだが、2元でもお金の支払いがあれば、十分抑止力になる。ノーショウの損失が大きければ、保証金の額を20元、50元ともっと大きくしてもいいだろう。

日本人的な道徳観念に基づけば、「店に行かなくなったら連絡をするべき」「予約した以上、変更は避けるべき」と考えるのが普通だ。だが、こうした〝性善説〟やモラルに基づいた制度というものは、結局モラルのない人が得をすることになってしまい、公平さを欠くのではないだろうか。

従来だと、予約時点で料金を支払ってもらうことは困難で、モラルに依存した予約システムを採用するか、番号札を取って店頭で待ってもらうしか方法がなかった。キャッシュレスはこうした問題をクリアできるのである。なんでも無料が素晴らしいわけではなく、適切な対価を支払うことで、全体の質が向上する好例だろう。が、じつは取材からしばらく経つと、このアプリは保証金不要となった。

それではノーショウが多発するのではと思いきや、ノーショウを複数回繰り返すと、アカウントを利用停止にするシステムを採用した。ユーザーとしても、保証金が免除されるなら歓迎だろう。

先述した「信用スコア」と同様で、不誠実な行動を取ると、ダイレクトに損失となって我が身に返ってくるのである。「ゴマ信用」のポイントも、下がってしまう。目に見えない「信用」を数値化したことで、デポジットと同じ効果をもたらしたといえる。

サービス⑥ スマホで予約、チャットで往診「オンライン医療アプリ」

中国では、莫大（ばくだい）な人口に対して医者の数が明らかに足りておらず、病院の前には徹夜で家族が番号待ちをしている姿をよく見かけた。さすがに徹夜は大げさだが、日本でも、朝早くから病院の前で開院を待つ患者は少なからずいる。

こうした課題を解決する医療アプリが、「微医（ウェイイー）」である。当初は「掛号網（グアハオワン）」という名称でスタート。「掛号（グアハオ）」は番号取得を意味し、病院で受付番号を取得するサービスだった。微医はそのアップデート版である。

このアプリを使うと、医師ごとにスケジュールの空き状況が一目で把握でき、スマホ上で予約が取れる。予約には50元（８００円）かかるが、無断キャンセル防止のためには当然だろう。高給の医師なのだから、むしろ安いくらいのデポジットである。

筆者もたまに病院に行くが、番号札を取ってから待ち続けるのは、かなり面倒に感じる。風邪で咳（せ）き込んでいる人などもいて、院内感染も心配だ。

余談だが、日本では〝待つのが面倒くさい〟といった子供っぽい理由よりも、〝院内感染のリスク低減〟といった安全性を強調するほうが、こうした予約システムの導入には有効と思われる。

日本の病院で何より辛いのが、番号を呼ばれるまでモニター画面の前に居続けないといけないことだ。スマホで番号が確認できたら、どれほど便利だろう。モニター画面の前にカメラを設置して、ライブ配信するだけでもいいのではないだろうか。

6人の医師にチャットで育児相談

「微医」ではネットを通して、医師との「オンライン診療」も行なっている。「チャット診察」か「電話診察」のいずれかを選択でき、画像を添付して文章で症状を伝えると、医師から回答をもらえる。

電話診察は、大病院の医師は29元（464円）、中規模病院の医師は19元（304円）となっている。チャット診療は大病院19元（304円）、中規模病院9元（144円）だ。「初回2割引」の文言もあり、かなりビジネスの匂いがする。

症状についてどう書いたらいいか、アプリ内に説明がある。

「病名や症状、発症時期、これまでの検査結果、服薬状況。悪化しているのか、楽になってきているのか。どのような助けを必要としているかなど。詳しい記述があるほうが、回答結果の質も高まります」

「例：3歳の女児が1週間前に風邪を引き、せきと鼻水が出ています。病院で検査したところ、マイコプラズマ肺炎と診断され、アジスロマイシン顆粒(かりゅう)を3日間飲んだら良くなってきました（検査結果の画像を添付します）。ところが、3日前からまたせきと鼻水が出てきました。どのように治療したらいいでしょうか？」

人によっては口頭よりも文章のほうが正確に症状を伝えられるケースもある。診断前にこれだけの情報があれば、医師の負担も軽減される。

乳幼児の育児に特化したサービスもある。「小奶瓶之家(シャオナイピンジージアー)（＝哺乳瓶(ほにゅうびん)の家）」というもので、6人の医師がいつでもチャットで養育相談に乗ってくれる。料金は、30日間で49元（784円）。

「あなたの家にお医者さんが付き添います。子供に辛い思いをさせないために」とあり、チャットの内容は病気やケガに限らない。「離乳食のコツ」「服選びのポイント」「夜中にすぐ起きてしまう。どうしたらいいか」「うんちが出にくい」など、乳児の健康に関することなら何でもいい。

回答をくれる主要な医師は女性で、子育て経験もあるという。育児を一人で抱え込んでしまって〝育児うつ〟になってしまうケースを考えると、何でも気軽に専門家に聞くことができるこのサービスは、養育者の心強い味方になるだろう。

日本ではハードルの高い「オンライン診療」

とはいえ、日本ではオンライン診療については慎重な見方が多く、普及にはまだまだ時間がかかりそうだ。

厚生労働省は2018年3月、オンライン診療についてのガイドラインを策定し、「初診は、原則として直接の対面による診療を行うこと」などの遵守（じゅんしゅ）すべき項目を提示した。オンライン診療は対面に比べ、誤診や見落としの可能性が高まるため、あくまで慎重に取り入れようという姿勢だ。薬の転売などの恐れもある。

たしかに、対面で顔を見ながら診察するほうが良いのは間違いない。だが、世の中には〝病院に行きたがらない人〟というのが一定数いる。病院で対面診療を受ける前段階として、気軽にオンライン診療が受けられるのは、決して悪いこととは思えない。車椅子で移動しにくい人や、病院が近くにない過疎地にとっても、救いになるはずだ。

誤診や見落としのリスクがありうることを周知した上で、最終的には患者の自己責任のもと、活用すればいいのではないだろうか。薬の転売については、本人確認の徹底や、転売行為を厳罰化するなどして対応できる。

中国のオンライン診療の現状は、日本の厚労省が発表したガイドラインに違反しているケースが大量にあるに違いない。だが、それでもアプリの画面からは「新しいテクノロジーを積極的に使い、より良い社会をつくっていく」という強い意志を感じる。

2020年の春節シーズンに世界を震撼させた新型肺炎（武漢肺炎）に対しても、オンライン診療は積極的に活用された。武漢市政府がオンライン診療の窓口をいち早く設置し、市民に利用を呼び掛けたのである。

サービス⑦　ドリンクもスマホで購入「高速鉄道オンライン」

杭州から上海へと向かう新幹線（高速鉄道）の車中、何か飲み物を買おうと思ったら、座席の肘掛けに「オンラインサービス　スキャンしてご注文ください」の文字とともにＱＲコードが貼られているのを発見した。

スマホのカメラで読み取ると、「高速鉄道オンライン」という電車内のネットワークに接続。「オンライン注文」「安全のしおり」「車内設備」のほか、「新時代の高速鉄道」といった読み物、時刻表、ゲーム、ＡＩ質問箱（チャットで質問を送ると、ＡＩロボットが回答するサービス）などがあり、なかなかの充実ぶり。自分が座っている座席の位置も表示されている。

オンライン注文をクリックすると、牛肉煮込み弁当40元（６４０円）、鶏肉の角切り炒め弁当15元（２４０円）、水餃子15元（２４０円）などの駅弁のほか、ハーゲンダッツアイスクリーム35元（５６０円）、コーヒー15元（２４０円）、ラーメン30元（４８０円）、ミネラルウォーター10元（１６０円）などを選択する画面に切り替わった。価格は少々割高だが、新幹線の車内ということを考えれば、こんなものだろう。

ちょっと高いなと思って画面をくまなく見ていたら、無名メーカーのミネラルウォーター2元（32円）を発見。大手メーカーと比べるとずいぶん安いのが気になるが、こちらを注文することにした。

クリックすると支払い画面に移動した。「合計金額15元以下は配達料2元」とのことで、合計4元に。商品と同額の配達料がかかる。さらに、

座席の肘掛けからＱＲコードを読み取り、オンラインページから駅弁を注文

「商品到着には約30分かかります。ピークタイム（11時～13時、17時～19時）は45分ほどかかる場合もあります。下車時刻にご注意ください。売店まで直接取りに来ることも可能です」

との注意書きも表示された。そのまま画面を進めてアリペイで支払いを済ませると注文履歴へと切り替わり、「配達中」の文字が現れた。

その後、10分ほどすると女性スタッフが前方から歩いてきて、無言でミネラルウォーターのボトルを突き出してきた。このあたりは昔ながらの中国らしい愛想のなさだが、合理的ではある。

商品を無事受け取ると、近未来的なサービスにいたく感心した。新幹線の車内販売というと、カートに商品を満載して、狭い通路を売り歩くというのが旧来のやり方だ。すれ違うときなど、カートをずらしてもらったり一歩横にずれて通路を譲ったりと、一苦労。タイミングが悪いと巡回して戻って来るまで待ち続けないといけないし、販売員も車内を端から端まで歩き回るのは、労力が大きいだろう。

乗客にとっても売り手にとっても、スマホを使った車内販売は明らかに利便性が高い。サービス提供に時間を要するのがやや難点だが、もしかしたら、人件費も減らせるかもしれない。キャッシュレスの利点を十分に感じさせるサービスだった。

サービス⑧ 見た目は冷蔵庫の「キャッシュレス自動販売機」

無人レストランの店内や「アリババホテル」の廊下、上海の地下鉄構内でも頻繁に目撃したのが、「冷蔵庫型キャッシュレス自動販売機」だ。

一見すると、カギのかかったガラス張りの冷蔵庫。だが、スマホでカギを開けて欲しい商品を取り出してドアを閉めると、自動的に決済されるという新種の自動販売機である。サービス名は、「天天果園（ティエンティエングオユエン）」。

操作方法はというと、

①ウィーチャットのカメラでバーコードを読み取ると、扉が開く
②商品を選んで取り出す
③扉を閉めると自動的に支払い完了

と説明が書かれていた。

早速ＱＲコードを読み取るとアカウント情報の提供を求められ、許可ボタンを押すとカチャリと音がして冷蔵庫のカギが開いた。ミネラルウォーターやお茶、カットフルーツなどが並んでいて、その中からヨーグルト味のミネラルウォーターを取り出し、ドアを閉めた。

「キャッシュレス自動販売機」見た目は普通の冷蔵庫だが……

すぐにスマホに「５元（80円）支払い」と通知が届き、決済完了。カギが開くのはわかるとしても、支払いまで完了するのはいったいどういう仕組みなのか。思わず首を傾げた。

だが、取り出した商品を観察したら、ボトルの底に幾何学模様の透明な丸いシールが貼られ

ボトルの底に貼られたＩＣタグで商品管理

ているのを発見した。これがＩＣタグというものか。冷蔵庫の庫内にはセンサーが設置されているようで、ＩＣタグが取り出されてドアが閉まると、自動的に購入と見なされるらしい。

ＩＣタグやセンサーのコスト次第だが、素人目には旧来の自動販売機よりも省スペースで簡素に見え、設置しやすいように感じられる。現金のやり取りがないので、防犯面でも安全性が高い。飲み物に限らず、パンやお菓子などを入れるのもいいだろう。

とはいえ、杭州にあった雑貨店では、無人レジをうたっていたものの、実際に行ってみたら「ＩＣタグはコストがかかるので割りに合わない」とまったく使われていなかった。今後、少しずつコストが下がり、「冷蔵庫型キャッシュレス自販機」が普及していくことを願いたい。

【体験後記】

本章で紹介したキャッシュレスサービスを通じて感じるのは、中国人の新しいものへの〝受容力の高さ〟だ。現在進行形で社会が大きく変化しているため、新しいサービスへの抵抗感が薄いのだろう。

たとえ完成度が低くても〝炎上〟するケースはまずない。自己責任に委ねられているというと冷たい社会のようにも思えるが、自己裁量の幅が広い社会ともいえる。

オンライン診療では誤診が心配だと思えば、各自の判断で病院に行けばいいし、新幹線の下車駅が近づいていれば、オンライン注文は使わなければいい。完璧なサービスでなくても、市場に出すことで改善できることは、きっと多いはず。

日本社会のサービスは非常に洗練されているが、一方では、未熟なサービスを世の中に出しづらい環境なのかもしれない。多少の失敗は大目に見る世の中のほうが、イノベーションは起こりやすのではないだろうか。

また、さまざまなサービスがすべて「QRコード」を入り口としている点も、印象的だった。使い方がわからなくても、とにかくQRコードを読み取りさえすれば、画面が自動的に切り替わって誰でも使えるようにできている。

日本だと「アプリのダウンロード」「メールアドレスの入力」「クレジットカードの入力」など、つまずく要素や途中で面倒くさくなる作業が多いが、中国のサービスはほとんどがアリペイやウィーチャットを基盤としているため、QRコード経由で快適にサクサクと進む。

QRコードはもともと日本企業の発明品だが、その潜在能力を最大限に生かしているのは、中国人のほうかもしれない。

第5章

没入！無人エンタメボックス

上海市内にある「無人ランニングボックス」

キャッシュレスで「部屋」まで借りられる

スマートフォンとキャッシュレス決済が普及すると、自分だけの〝スペース〟を時間単位で簡単に借りることが可能になる。言い換えると、「無人ボックス」のようなものが身近に利用できるようになるのだ。

ボックスのドアをスマホで開閉し、何らかのサービスを享受したうえで、料金をキャッシュレスで支払う。すべて無人なので、人件費は一切かからない。

こうした無人ボックスから派生したビジネスが、中国では次々と誕生している。とくにエンターテイメントに特化したものが人気のようだ。

駅やショッピングセンターのデッドスペースを有効活用できるので、自動販売機の園長と考えてもいいだろう。自動販売機でさまざまなものを売れるのと同様、無人ボックスは多様なサービスを提供している。本章では、その象徴的なサービスをいくつか紹介していく。

サービス①　買い物に疲れたら眠れる「休憩ボックス」

アリババが運営する杭州のショッピングモール「親橙里（チンチェンリー）」の一角で、3メートル四方ほどの小屋のようなボックスを発見した。「共享空間（ゴンシェンコンジェン）」と書いてあり、これがサービス名のようだ。

　ヨガをする女性の写真が大きく貼られていたのでフィットネスマシンか何かと思ったが、そうではなく、休憩用の個室空間だった。ヨガ教室の広告ポスターが前面に出すぎていて、少々

派手な外観の「休憩ボックス」。少年少女も興味津々だ

わかりにくい。ともあれ、使ってみよう。

小さく貼られていた説明を読むと、料金は15分9元（144円）。日本との物価の差を考えると、15分300円ぐらいの感覚だ。

さっそく、アリペイでQRコードを読み取り、ボックスに手書きで書かれた番号を入力。「いますぐロック解除」をクリックすると、ガチャリと解錠音が聞こえた。

扉を開けてなかに入ると、カラオケボックスやネットカフェの個室のような空間で、ソファやテレビ、小型テーブル、クッション、サッカーボールなどの小物が置かれていた。扉を閉めると再びガチャリと音がして、施錠された。

完全に閉じ込められてしまったが、出たいときにはスマホで操作して料金を支払い、カギを開ける仕組みになっている（万が一、室内でスマホが壊れた時は、どうするのだろう）。

室内には小さな窓はあるものの、ブラインドを下げれば外からは見えない。マジックミラーのような構造になっているので、内側からは外の様子がはっきりと見える。通行人が見える場所でくつろぐのは、少し気まずい気分にもなった。

はたして、こんな空間でくつろげるのだろうか。

ボックスに中学生が接近！

個室に入ってしばらくすると、中学生ぐらいの男子グループが興味深そうにボックスに接近。臆面（おくめん）もなくブラインドの隙間（すきま）に顔を近づけ、こちらの様子を覗（のぞ）き込んできた。

「中に人がいる！」

「何やってるんだろ？」

「エロいことでもしてるんじゃない？」

中学生らしい品のない会話が聞こえてきた。外部から遮断された個室空間では、いかがわしい行為をする人がいるのでは？　という懸念は確かにある。だが、室内にはしっかりと監視カメラが設置され、不適切な行為がないかどうか見張られている。そう考えると、なんだか落ち着かない気分になる。

室内の壁には、警察官のイラストとともに、こんな注意書きもあった。

「わいせつ、賭博、薬物使用などの行為は一切禁止です」

「たばこ厳禁。違反すると警報音が鳴ります」

「危険物、燃えやすいもの、爆発物の持ち込み禁止」

「室内の設備を破壊しないこと」

「これらの行為が発覚した場合、事実確認の上、警察機関へ連絡し厳格に処理します」


監視カメラで撮られていれば、さすがにルールを守る人がほとんどだろう。ソファは少々ホコリっぽかったが、ゆったりできてかなり快適。靴を脱いで横になると、仮眠を取ることもできそうだった。

買い物中に一休みしたいとき、カフェでは物足りない時がある。家のソファのようにダラダラとくつろぎたければ、ネットカフェを利用する手もあるが、「わざわざ感」があって面倒。そんなとき、手頃な値段でこうした空間が利用できるなら有難い。食事や着替えなど、用途は幅広い。

テーブルの上に休憩ボックスを運営する会社のパンフレットが置かれていたので、読んでみた。

ボックスはショッピングモールのほか、空港や駅、病院、大学などに設置することを想定しているという。設置希望者を4万元（64万円）で募集していたが、広告収入もあるため、最短3カ月で元が取れるとうたっていた。

30分ほどゴロ寝をして、スマホで料金を支払い外に出た。昼寝スペースとしては、かなりいいかもしれない。

窓があると「覗かれているかも」と落ち着かないので、足元だけ見えるようにするなど改善の余地はありそうだが、日本にもあれば、ぜひとも利用したい。すでに日本でもターミナル駅などで昼寝ができるスペースが設置されているので、受け入れられる余地はありそうだ。もっとも、監視カメラで常に見られているというのは、慣れが必要かもしれないが。

サービス② ユニセフも視察した「授乳用個室」

前述の「個室休憩ボックス」によく似たサービスを、杭州東駅の構内で発見した。

駅構内などに設置されている「移動母嬰室　mamain」の内部

授乳用個室、その名も「移動母嬰室（イードンムーインシー）mamain」。

ウィーチャットでＱＲコードを読み取るだけで解錠でき、すぐに使用できる。料金は、なんと無料だ。

室内にはテレビモニターが設置されており、子育て関連の広告を流している。この広告費のおかげで、無料でサービスを提供できるわけだ。

２０１９年２月にはユニセフ（国際連合児童基金）も視察に来たというから、かなり先進的なサービスなのだろう。と思いきや、日本でも同様のサービス「mamaro（ママロ）」が２０１７年７月に運営を開始している。

中国の授乳室は同年10月に始まったので、日本のほうが先だった。とはいえ、設置台数は日本の約１４０台に対し、中国は倍の約３００台。

駅や公共施設におけるベビールーム不足は日本同様、中国でも課題となっている。子育て世代からの支持を受けて、急速に普及しているようだ。

サービス③ 個室でコミットする「ランニングボックス」

上海市内に怪しげなボックスがあるという情報を聞きつけた。現場を訪れると、オフィス兼マンションの敷地内に、突然2メートル×3メートルほどの四角い箱が出現。ガラス製のドア越しになかを覗くと、3畳足らずの殺風景な空間にランニングマシン、テレビ、エアコンが設置されていた。

こちらも個室ボックスの応用版で、個室ランニングボックスの「覓跑（ミイパオ）」だ。「何でも個室ボックスにすれば、ビジネスになる！」という中国人の商魂を感じる。

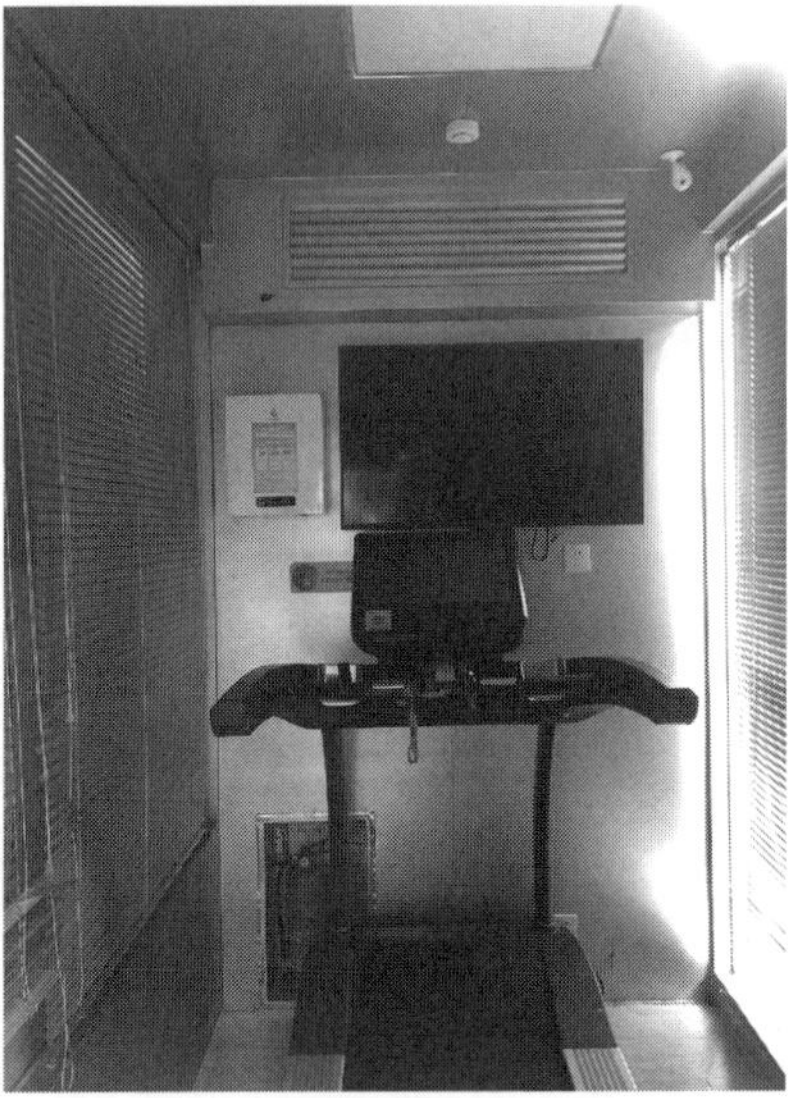

ボックス内に鎮座するランニングマシン。外界との遮断によって、かなりの没入感が期待できる

「覓跑」は直訳すると「走ることを探す」を意味し、「メートル走」と韻を踏んでいる。個室はスマホで解錠でき、室内の設備を使い終わったら、その場で支払いができるサービスだ。

2017年7月に北京のベンチャー企業が運営を開始し、現在は上海、深セン、南京など9都市で展開している。料金は3分間で1元（16円）。1時間利用しても20元（320円）とかなり良心的に感じるが、中国は都市部でも食事代などの物価が日本の半額程度であることを考えれば、まずまずだろうか。

使用する際は、直前の10分間は予約してキープできるので、並ぶ必要もない。集合住宅の敷地内やオフィスなどに設置されていて、公式ホームページには「自宅から5分以内の運動空間」「時間や場所、天候に左右されることなく、運動習慣を身につけられます」と書かれていた。無人ジムの最小形態といえる。

室内は薄暗かったが、中に入ればライトが点灯する仕組みのようだ。アプリの地図上からマシンを選び「解錠」ボタンをクリックしたが、あいにく中国の身分証の登録を求められ、外国人の私には利用できなかった。ジャージ持参で汗をかこうと思っていたのに、残念。

このサービスが日本でうまくいくかどうか考えると、地方のショッピングセンターなどスペースに余裕があって、人が集まりやすい場所に適してそうだ。

フィットネスジムをつくるよりかなり低コストで設置できるし、全体で4畳ほどの広さがあればいいので、デッドスペースの有効活用になりそう。健康増進を目的とする高齢者の利用も見込めるはずだ。

走り終わったあとに汗を流したくなるので、郊外のスーパー銭湯の駐車場に置くのもいいだろう。逆に都市部では、設置スペースが見つけにくいかもしれない。

サービス④ いますぐ歌える「無人カラオケ」

待ち合わせの時間より少し早く着いてしまい、暇を持て余した経験は誰しもあるはず。そんなとき、2、3曲だけ歌って15分ほど時間を潰せるサービスがあったら、悪くないのでは。

無人カラオケ「友唱」は、15〜30分程度の空き時間に、手軽にカラオケを楽しめるボックスで、ショッピングモールのエスカレーターの下や階段近くの空きスペースなどに設置されていることが多い。

大きさは1・5メートル四方ほどで、電話ボックスを一回り大きくした程度のサイズ感。ボックスの中に入ると左右の壁にはカーテンがかかっていて、背中だけが外から見られる構造になっている。

高さのある椅子2脚とカラオケの操作パネル、マイク、横幅いっぱいの液晶モニターが設置されており、操作パネルにはQRコードとともに「ウィーチャットで読み取り、いますぐ歌う」と書かれていた。

　ウィーチャットのカメラでQRコードを読み取ると、スマホ画面に料金が表示された。15分24・8元（約397円）、30分47・12元（約754円、通常料金は48元）、60分71・92元（約1151円、通常料金は88元）。日本のカラオケボックスとそれほど変わらない料金設定で、ネット上でも「値段が高い」との声が散見された。

　15分間を選択して料金を払うと操作パネルが起動し、曲を選ぶ画面に切り替わった。ゲームセンターの音ゲーのような画面で、画面下に残り時間が秒単位で刻まれていく。チラチラと制限時間に目を奪

ショッピングモールに設置された「無人カラオケボックス」。音漏れが心配

われるので、ちょっとせわしない。

中国語の持ち歌の少ない私は、２０１０年代にヒットした歌謡曲『小苹果（シャオピングオ）』を選択し、熱唱。続いて中国では国歌並みに有名なテレサ・テン『月亮代表我的心（ユエリャンダイビャオウォダシン）』を歌った。

ＢＧＭは備え付けのヘッドホンで聞き、自分の歌もヘッドホン越しに耳に入る。とはいえ、大声を出していることには変わりないので、音漏れが少々気になる。歌い終わると間もなく15分になりそうだったので、選曲画面をいじって時間を潰した。

制限時間に達すると「もっと歌いますか？」との文言とともに15％ほどの割引価格が提示されたが、一通り楽しめたので、いったん外に出た。

ボックスに貼られた張り紙を読むと、録音してＳＮＳ上に投稿したり、ランキングを競ったり、ライブ配信して離れた相手と一緒に〝バーチャルカラオケ大会〟などを楽しむこともできるという。ただ、私が体験したときにはそれらしき項目は見当たらず、ネット上にも「録音の仕方がわからない」との声があった。

機種によって多少バラツキがあるのかもしれないが、日本だったらすぐさま運営会社にクレームが入りそうだ。

「これからはライトエンターテインメントの時代だ！」

私が使い終わってからしばらくすると、中高年カップルがボックスに入り、15分間のカラオケを楽しんでいた。

音漏れは多少感じるが、さほど気にならない。歌唱を終えて出てきたところで雑談がてら声をかけると、「初めて遊んだけど、楽しかったよ」と満足そうだった。

ネットニュースを検索してみると、こうした無人カラオケは2016年から市場に出始め、「シェアカラオケ（共享〔ゴンシァン〕KTV）」と呼ばれているという。

無人カラオケは正確には〝シェア〟とは言い難いが、近年は中国でもシェアビジネスブームのため、〝シェア〟という言葉が安易に使われているとのこと。「レストランの待ち時間などを使って、短時間で遊べるのがいい」「値段がちょっと高く感じる」などの利用者の声があり、従来のカラオケとは違う遊び方があるようだ。

運営会社も「これからはライトエンターテインメント（＝軽娯楽）の時代だ！」と宣言しており、スマホゲームやSNSの投稿を楽しむのと同じ感覚で、スキマ時間にカラオケを楽しむことを提案している。

カラオケ店でドリンクを運ぶロボット

　カラオケは好きだが、飲み会などで2時間も3時間もかけるのは面倒という人は、案外多いのではないだろうか（私もそう思っている）。

　一人カラオケも一般化しつつあるが、受付をして室内に入り、エアコンを調整したりドリンクを注文したりするのも面倒なもの。2、3曲だけ歌いたいときに無人カラオケボックスがあれば、ちょっと遊んでみたい。このサイズなら、ゲームセンター内に置くのもいいだろう。

日本でも「ハコカラ」の名称で同様のサービスが２０１９年ごろから登場。イオングループが運営する映画館「イオンシネマ」の館内に設置され、１曲１００円で手軽にカラオケが楽しめる。キャッシュレスではなく１００円硬貨を使用する点は、中国よりも遅れている気がしないでもないが、日本の現状には合っているだろう。

このサービスを日本で導入する際のポイントは、〝音漏れ〟と〝周囲からの見え方〟だろう。全体的な傾向として、中国人は周囲の目をあまり気にせず、自分の好きなように振る舞う一方、日本人はたとえ赤の他人であっても、周りの目を気にする人が多い。周囲を気にせず没頭できる工夫があれば、今後拡大していくかもしれない。

ちなみに、無人カラオケではなく、通常のカラオケボックスに行くと、ドリンクやマイクなどを、人ではなくロボットが運ぶ。中国のカラオケルームは、瓶ビールやフルーツ盛り合わせなど重いものをよく運ぶため、ロボットを活用できる機会が日本より多いのである。

サービス⑤ 賛否が分かれる「無人コンビニ」

２０１７年ごろから日本でも話題になった「無人コンビニ」。こちらも、広い意味では無人ボックスの派生系といえるだろう。

上海の中心部では無人コンビニは見つからなかったが、ネット検索してみると、中心部から地下鉄で1時間ほどの距離にある展示場（東京ビッグサイトのような場所）に設置されていると判明。

その名も「Bingo Box（繽果盒子〈ビングオヘーズ〉）」。なんだか楽しそうなネーミング。

早速現地に行ってみると、広い敷地の片隅に、ポツンとガラス張りのコンテナハウスのようなものが設置されていた。横幅6メートル、奥行き3メートル程度で、あまり広くはない。

入り口の扉には使い方の説明が書かれ、ウィーチャットのカメラでＱＲコードを読み取って入店せよとのこと。

無人コンビニの外観。店員の姿はなく寒々しい

説明通りにスマホを操作すると、ウィーチャットアカウントの登録画面に進み、許可ボタンをクリック。「開門（ドアを開ける）」のボタンが表示され、クリックするとガチャリとドアが開いた。冷蔵庫型の自販機（第４章）もそうだが、日本人的には、カギの開閉時にアラーム音を鳴らすなど、もう少しわかりやすくしてほしいと感じる。

店内は完全に無人で、死角なく複数の監視カメラが設置されていたが、ＢＧＭもなく、かなり殺風景。棚や冷蔵庫には一般的なコンビニと同様に、スナック菓子や雑貨類、ドリンク類が並んでいた。

いまのところ「Bingo」感はとくになし。

「無人コンビニ」店内の様子。どことなく暗い雰囲気が漂っている

学級委員長のような細かい「注意書き」

壁には注意書きが貼られていたが、ユーモア混じりでちょっと面白い。

「商品以外のものは、一切持ち出さないでください。満足感以外は残さないでくださいね」

「ペット持ち込み禁止。ペットは芝生の上で遊ばせましょう」

「シール（ＩＣタグ）を破らないでください。身分証も傷つきますよ」

「外に出る際はしばらくお待ちください。

検査用センサーが商品との名残を惜しんでいます」

「店内で飲食できません。当店の商品は外で食べたほうが、美味しく召し上がれます」

店内の商品には、すべて名刺あるいは千円札程度の大きさの白いシールが貼られており、これがＩＣタグのようだ。自販機に使われていたものよりサイズが大きく、商品パッケージの正面が隠れてしまっているものもある。

商品を品定めしていたら、展示場のスタッフらしき男性が入店し、ペットボトルのお茶を3本買っていった。無人コンビニの使い心地について聞くと「便利ですよ。このへんはお店がないので」とのこと。慣れた様子でレジ台に商品を置き、スマホで支払いを済ませて出て行った。

私はミネラルウォーターとウェットティッシュを選び、レジ台に向かった。

レジには「商品識別区」と書かれた30センチ四方ほどのスペースと、モニターが設置されていた。「商品はきれいに並べてください」「5点以上の商品は、分けてお会計してください」とここでも注意書き。几帳面な学級委員長に怒られているみたいだ。

商品を置くと、すぐ横のモニター画面が切り替わり、商品名と金額、ＱＲコードが

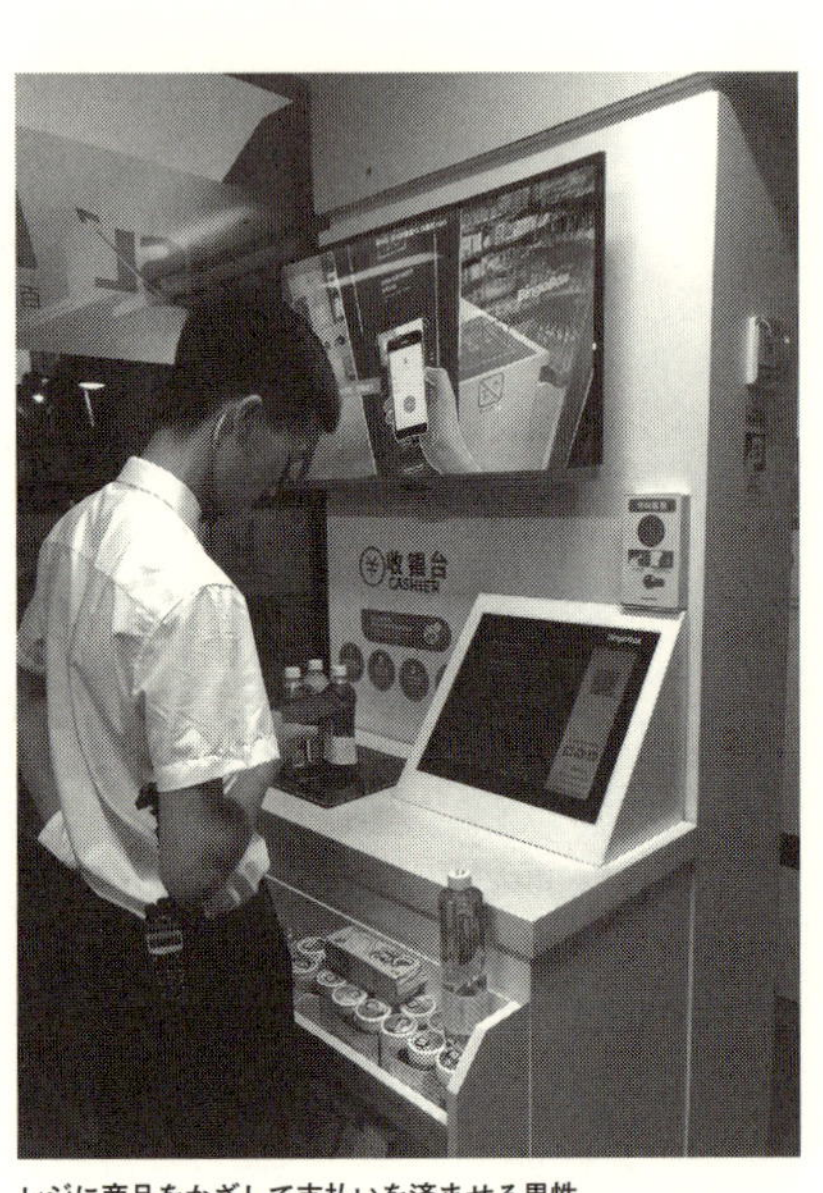

レジに商品をかざして支払いを済ませる男性

表示された。商品をレジ台から外すと、モニターは即座に元の待機画面に戻る。試しに、ボトル入りガムを8点載せてみたが、きちんとすべて識別した。整然と並んでいれば、かなり正確に識別するようだ。

　画面のQRコードをウィーチャットのカメラで読み込み支払いボタンをクリックすると、モニターに「支払い済み」と表示された。

　商品を持って出口に向かうと「出口付近のセンサーに商品を近づけてください」と書いてある。

　そう言えば、さっきの男性も出口手前で壁に向かってペットボトルをユラユラと振りながら近づけていた。その通りにすると扉が解錠され、外に出ることができた。万引き防止のためのシステムだが、慣れないとちょっと難しい。

ハイテク技術が使われていることは間違いないのだが、最初から最後までとにかく殺風景。軽い虚無感のようなものを抱きながら、無人空間を後にした。

〔体験後記〕

最先端技術を駆使した無人コンビニだが、意外にも衰退の岐路に立たされている。

中国のＩＴ事情に詳しいライターの山谷剛史（やまやたけし）氏は、２０１９年秋、「『中国スゴイ！』と持ち上げられた無人コンビニ、バブル崩壊でただの箱に」（文春オンライン）と題した記事を執筆した。

山谷氏によると、最先端技術と持てはやされた無人コンビニは２０１８年６月には全国で４００店舗まで拡大したものの、次第に客足が遠のき、運営会社は毎月５００万元（８０００万円）の赤字を垂れ流していたという。

従来の有人の店舗よりコストはかからないものの、客からすれば入店時にいちいちスマホを操作したり、レジで商品を並べて識別させたりするのがストレスとなり、忌避されたらしい。

たしかに最初は物珍しさから試してみたくなるが、これが日常となると面倒臭いだけかもしれない。カギを開けたり閉めたり、一手間も二手間も余計にかかる。また、近くにコンビニや自販機がなくても、中国の場合は配達サービスで十分代替できる。

無人コンビニの失敗から得られる教訓としては、〝本当に便利なものだけが生き残る〟という当たり前の話かもしれない。

無人コンビニというアイデアは面白いし、コストも抑えられる。だが、実際に使ってみると、普通のコンビニのほうがずっと楽。今後、顔認証機能やＩＣタグの精度などが上がれば変わるかもしれないが、現時点では、もう一歩及ばなかったようだ。

日本でも、すでに無人コンビニは試験的に導入されており、今後、駅構内などに設置される見通しだ。中国における課題と教訓が活かされることを願っている。

第6章

快適！デジタルチャイナの移動手段

街中にあふれるデリバリーサービスの電動バイク

栄枯盛衰が激しいシェアサイクル事業

新しいデジタル技術によって、中国人の生活は大きく変わったが、とくにインパクトが大きいのは「移動」に関するサービスだ。シェアサイクル、タクシー配車アプリ、フードデリバリーサービスによって、いまの中国人は移動の不便さから大きく解放されたといっていいだろう。

自転車のシェアサービスは2016年ごろから始まったものの、急拡大によって〝シェアサイクルの墓場〟が各地に出現。事業撤退や売却などのニュースもあり、オワコン化しているとの情報もネットに流れていた。山積みにされたシェア自転車の写真を見たことがある人も多いと思う。

シェア自転車は、一時のブームにすぎなかったのだろうか。もう使っている人はいないのだろうか。そんな疑問を抱きながら上海へ向かったところ、歩道上には相変わらず大量のシェアサイクルが並んでいて、利用者も決して少なくない。シェアサイク

「ハローチューシン」のシェアサイクル

ル、まだまだ健在であった。

が、かつてかなりの利用者がいた黄色いシェアサイクル「ofo（小黄車）」はすでに絶滅。路上の片隅にボロボロの車両が置き去りにされているのを見かけたが、とても利用できる状態ではなかった。ofoは経営危機にあるとのニュースは、間違いないようだ。

　ofoが淘汰されたあと、上海は古参のオレンジ色「mobike（摩拜出行）、近く美団単車と改称予定」と比較的新しい青色「哈囉出行」が市場を二分。ハローチューシンはアリババ系列のため、アリババ本社のある杭州市内では優勢だった。

また、北京へ行くと「青桔単車（チンジエダンチャ）」という名のライトグリーンの自転車も登場していた。こちらはタクシー配車アプリ大手の「滴滴（ディーディー）」が運営している。モバイクは当初は独立企業だったが、その後テンセント系の「美団（メイトゥアン）」に買収された。中国のシェアサイクルは、栄枯盛衰が激しいのである。

乗り心地は悪いが、手間はかからない

使用方法は昔に比べてどうか。

かつては登録時にデポジット（モバイクの場合は299元〈4784円〉）の支払いが必要だったが、現在はデポジット不要が主流になった。

ハローチューシンは、ゴマ信用のポイントが中程度であれば、デポジット不要だ。料金は、モバイクは最初の15分は1元（16円）で、その後15分ごとに0・5元かかり、ハローチューシンは30分1・5元（24円）で、月ごとのサブスクリプション方式だと、1カ月使い放題で16・5元（264円）となる。

駐輪エリアを埋め尽くす大量の自転車。まさに“シェアサイクルの墓場”

使い方はどの業者もほぼ同じで、自転車を見つけたらハンドル中央または後輪の施錠部分にあるQRコードをカメラで読み取るだけ。自転車に電池が内蔵されているため、数秒後、自動的にロックが解除される。乗り終わったら、歩道上に地元自治体が定めている駐輪可能エリアに置き、カギをロックする。QRコードの使い方が、非常にうまい。駐輪エリア外に返却すると、正しい場所に置き直すよう、通知も届く。

どこでも貸し出し、返却ができるのは非常に便利だが、これは土地が豊富で道路の道幅を潤沢に取れる中国だからできることだろう。街中のところどころに〝シェアサイクルの墓場〟ができても通行に支障がない程度に、余裕のある街づくりがされているのだ（逆にいうと、コンパクトシティとは真逆の「デカすぎて歩きにくい街」でもある）。

日本の場合、放置自転車への忌避感情も強いため、やはり貸し出し用のポートを設置して運用するのが現実的だろう。

シェアサイクルの乗り心地は、はっきりいって悪い。整備不良の自転車も非常に多く、ブレーキが前輪（または後輪）しか効かない、ハンドルやサドルが曲がっているなどはザラで、ペダルもかなり重い。

パンクしないタイプのゴム製タイヤを使っているのはせめてもの救いだが、日本であれば、これほど大量の整備不良の車両をユーザーの〝自己責任〟で使うのは、抵抗感があるだろう。それでも、1～2キロほどの距離を移動したいときには、極めて便利である。

日本ではNTTドコモ系列の通称〝赤チャリ〟と呼ばれるシェアサイクルが全国各地に広がっているが、非常に使い勝手が悪い。

中国のシェアサイクルがワンクリック、数秒でロックを解除できるのに対し、ドコモの場合は毎回IDとパスワードの入力を求められ、ポートの検索や使いたい自転車の番号を探すなど、かなりの手間がかかる。電動自転車を使っているため、初期コスト、運用コストともに非常に効率が悪そうだ。

自転車本体は簡素でいいから、ポート数を増やすことにコストをかけたほうが、需要に合っているのではないだろうか。〝墓場〟ができるほど無軌道に台数を増やすのは考えものだが、「車両のコストを下げる代わりに、台数を増やす」という中国式の考え方は、十分参考になる。

タクシーさえもアプリ頼み

タクシー移動は、配車アプリ「滴滴」を使うのが当たり前になり、路上で手をあげてタクシーを探している人は、ほとんどいなくなった。

中国では、「タクシーを呼ぶ＝スマホ」が常識になっている。

アプリが出始めたのは2014年前後だったが、当時、中国のタクシー業界ではドライバーにアプリを使わないよう通知が出ていた。滴滴は配車だけでなく、ウーバー同様のライドシェアサービスも行なっているため、既存のタクシー業界からは白タク同然の〝敵〟に見えたのだ。

だが、それでも多くのドライバーが当然のように滴滴を使っていた。ある時、私は運転手に「アプリの使用は禁止ではないのか？」と訪ねてみたが、「禁止しようにも、禁止なんてできないよ」と苦笑いされた。会社から使用禁止の通達があっても、アプリ経由の客を無視できないというのだ。

このあたりは、ルール遵守（じゅんしゅ）を好む日本人と、時にはルールを逸脱したり柔軟につくり替えたりする中国人の〝国民性の違い〟もありそうだ。

また、日本はタクシードライバーの平均年齢が高いゆえにITリテラシーが低く、デジタル技術に対応できないという問題もあるだろう。

「禁止なんてできない」と答えたドライバーは、アプリを使うことで客を乗せずに流して走っている時間が減り、多少は収入が上がったと答えていた。

配車アプリは、需給をマッチングさせる上では絶好の道具。便利なものは貪欲（どんよく）に使ってやろうという中国人のたくましさは、社会変革のスピードを加速させる力になりえるのだ。

ボーナスを上乗せすれば優先して配車

滴滴で車両を呼ぶと、ライドシェアとタクシーを同時に呼び出し、先にコンタクトがあった車両の到着を待つことになる。

ライドシェアはスタンダード、デラックスなど数段階に等級が分かれていて、値段が異なる。混雑時には、ハイグレードのライドシェアにも呼び出しをかけることにより、車両を捕まえる確率を高めることができる。

さらに、雨天や夕方などのピーク時には、ドライバーにボーナスを上乗せすることで、優先的に乗せてもらえるようアピールすることが可能だ。

私は以前、通常なら片道30元（480円）程度の距離で配車を依頼したが、大雨のためまったくタクシーが捕まらないことがあった。10元、20元とボーナスを追加してもまだ捕まらなかったが、30元のボーナスをプラスしてほぼ倍額に設定すると、すぐにドライバーから応答があった。

日本でも「ジャパンタクシー」という配車アプリが「ビジーチケット」という名で同様のサービスを行なっている。980円を追加で支払うことで、遠方の車両を優先的に手配するというものだ。

慣れない人は「ぼったくり！」と思うかもしれないが、価格差をつけることで「多少高くてもいいから、どうしてもタクシーに乗りたい！」という人の需給をマッチングさせることができるのだから、意味のあるサービスといえる。商談や飛行機の時間に遅れそう、病院に駆け付けたいなどという際には、有難いサービス。一種の〝ダイナミックプライシング〟で、今後はこうしたサービスが一般的になっていくはずだ。

滴滴が素晴らしいのは、相互レビューによる〝評価経済〟が機能している点だ。

かつては中国のタクシー運転手というと、お世辞にも丁寧とは言い難いものだったが、配車アプリの登場後は、目に見えて全体的に対応が良くなった。プラスのレビューを獲得するためである。

客のほうもドライバーから評価されるため、無断キャンセルなど安易にできない仕組みになっている（無断キャンセルが続くと、アカウント停止などの処分を受ける）。ここでも、道徳心や倫理観ではなく〝損得勘定〟に根ざした仕組みをつくることで、トラブル防止を図っている。

こうした配車アプリは、日本では地方都市にこそ一刻も早く導入すべきだろう。都市部は流しのタクシーが捕まえやすいが、地方へ行くと、電話をかけて呼ばないとタクシーに乗れないことが多い。複数ある地元のタクシー会社に端から電話をかけても、全社から「出払っています」と言われることもある。全社共通の配車アプリがあれば、この上なく合理的な方法で車両を捕まえることができるだろう。

「滴滴が上司みたいなものだ」

上海で滴滴のライドシェアに乗車し、ドライバーの男性（推定40代）に話を聞いた。手取りの収入は、多い月だと１カ月で約１万５０００元（約24万円）というから、

アプリを介して乗客の現在位置が一目でわかる

稼いでいるほうだ。車両は自前で21万元（336万円）で購入し、売り上げから燃料代と滴滴への手数料を差し引いた金額が、手取り収入になる。

滴滴に支払う手数料は売り上げの約20％だといい、3000〜3500元（4万8000〜5万6000円）ほどになるようだ。20％と言われるとピンとこないが、具体的な数字にすると、決して少なくない額の手数料を支払っている。

労働時間は、週6日勤務で7〜20時まで自分で決めている。個人事業者なので、会社員のように勤務時間が決まっているわけではない。「滴滴が上司みたいなものだ」

と言って笑っていたので、管理されている息苦しさは多少あるのだろう。

タクシー運転手から嫌われないかと聞くと、「タクシーは距離が近いと乗せてくれないし、サービスが悪い。いままでは競争が少なすぎた。タクシーの仕事が減っているのだとしたら、それは彼ら自身に原因がある。ライドシェアがあれば、お客さんにとっても便利だよ」と言い切った。

許可証がなくても働けてしまう

会話をするうちに、グレーゾーンの話も聞かせてくれた。

上海でライドシェアの運転手としてビジネスをするには、営業車両としての営業許可証が必要になるのだが、江蘇（こうそ）省出身の彼は、上海では受験資格がない（受験資格は上海出身の上海人に限定されている）。そのため、現在は許可証はなし。モグリのライドシェア運転手として営業しているというのだ。

「ターミナル駅や空港への注文は、受けないようにしている。その辺りは警察官が多いから危ない。でも、街中を走っているぶんには問題ないよ」

4年前からライドシェアの運転手をしていて、最近ついに警察に捕まってしまったという。罰金1万元（16万円）を支払ったが、なんと罰金は滴滴が全額肩代わりしてくれた。さらに3カ月間の免許停止を食らったが、その間も知人の免許証を車両のフロントに提示して、何食わぬ顔で仕事を続けたという。凄まじい胆力だ。

現在、免許証は戻ってきたが、営業許可証がないことは変わらない。2回目の罰金は倍額の2万元（32万円）になるが、今度は8割を滴滴が肩代わりしてくれるので、実質負担は2万元の2割、つまり4000元（6万4000円）で済むという。

警察に見つかると「友人を乗せている」などの言い訳は通用せず、ドライバーと乗客をすぐに引き離して、それぞれから事情を聞かれるのだ。

この男性は、かつて上海の中心部でフルーツショップを家族経営しており、当時は年収30～40万元（480～640万円）もあった。その後、政府による立ち退きに遭い、数十万元ほどの立退料を受け取って現在の仕事を始めたそうだ。

「自分が客として乗ってみて、これならできると思ったんだ」

参入障壁が低く、未経験でも始めやすい。だが、急成長の影にはこうした無数のグレーゾーン、いや違法行為を犯している人たちがいることを忘れてはなるまい。

しかも、滴滴が罰金をカバーするというのは、「ドライバーのみなさん、違法運転をしても私たちが全力で守ります！」と言っているようなものではないか。日本であれば大炎上では済まない話だが、中国ではとくに問題ナシ。

中国では、法律やルールを馬鹿正直に守っていても意味がないようなケースがしばしばあり、良くも悪くも遵法意識は低めに設定されている。

そもそも、配車アプリの黎明期にドライバーたちが律儀にルールを守り、アプリの使用を拒否していたら、これほどの発展はなかっただろう。日本とは明らかに異なる奇妙なコンプライアンスと無秩序なルールのなかで、中国デジタル社会は発展したのだ。

タクシー運転手からライドシェアドライバーに転職

同じく上海市内で、車両は滴滴から毎月４６００元（７万３６００円）でレンタルしているというドライバーもいた。

燃料代などが4000元（6万4000円）ほどかかるため、毎月の手取り収入は6000元～8000元（9万6000～12万8000円）とのこと。

「1万元以上稼げるドライバーは、全体の2割程度。以前は運送の力仕事をしていたから、それよりはいい。でも、4年前は毎日10時間ぐらい働いていたのが、いまは14時間ぐらい稼働しなければならなくなった。それでようやく、前と同じ金額が稼げる」

このぐらいが、ライドシェアドライバーの平均的な姿かもしれない。2～3年前は滴滴がドライバー、乗客双方に対してさまざまなボーナスやお得なキャンペーンをしていたが、アプリが普及するにつれて、そうした大盤振る舞いはなくなり、収入も下がったという。もちろんライバルも増えた。

もともとはタクシー会社に所属していたが、ライドシェアのほうが稼げるという理由で退社し、自営でライドシェア運転手をしている男性もいた。

「滴滴が出てきてから、タクシーは全然儲からなくなった。同じような仕事だけど、こっちのほうが稼げると思って会社を辞めたんだ」

配車アプリは、既存のタクシー業界に衝撃を与えている。

アリババとテンセントが手掛けるフードデリバリー

シェアサイクルや配車アプリと並んで、近年の中国人のライフスタイルを変えたのが、フードデリバリーサービスだ。要するに、ランチやディナーの「出前」である。日本ではウーバーイーツが都市部を中心に広がりを見せているが、中国では人件費の安さなどから、極めて手軽にフードデリバリーが使われている。

業者はアリババが買収した「餓了么（ウーラマ）」と、テンセントから出資を受けている「美団外売（メイトゥアンワイマイ）」が市場を二分している。企業カラーは餓了么がブルー、美団外売がイエローで、中国の街中は青色と黄色の電動バイクがあちこちを走り回っている。

餓了么のアプリを開くと、「グルメ」「ハンバーガー」「朝食」「フルーツ」などのフード系のボタンのほかに、「スーパー・コンビニ」「ドラッグストア」「代理購入」などのボタンもあった。ネットスーパーに対抗して、ジャンルを広げているのだ。

「代理購入」をクリックすると、メッセージを書き込む画面に切り替わり、「買ってきて欲しいものを書いてください」とある。欲しいものの写真もアップロードできるので、たとえばタバコの箱などをアップして買ってきてもらうこともできそうだ。食べ物に限らず、どんなものでも買ってきてもらえるので、風邪で寝込んでいる時なども重宝しそう。

無数のレストランページを眺めてみると、所要時間の目安も書いてあり、多くは30～40分間ほど。麻婆豆腐やタケノコ炒め等が組み合わさった中華弁当をチョイスし、注文した。弁当32元（512円）、容器代2元（32円）、配達料5・3元（約85円）で、合計39・3元（約630円）になった。

容器代と配達料は合計117円ほどだが、日本との物価差を考慮すると、200～300円ぐらいの感覚だろうか。それでも安い。料金はやはりアリペイまたはウィーチャットペイで支払う。

注文から15分ほど経過したところで、「配達を開始しました」とのメッセージがアプリに表示され、地図上を配達員のアイコンが移動し始めた。

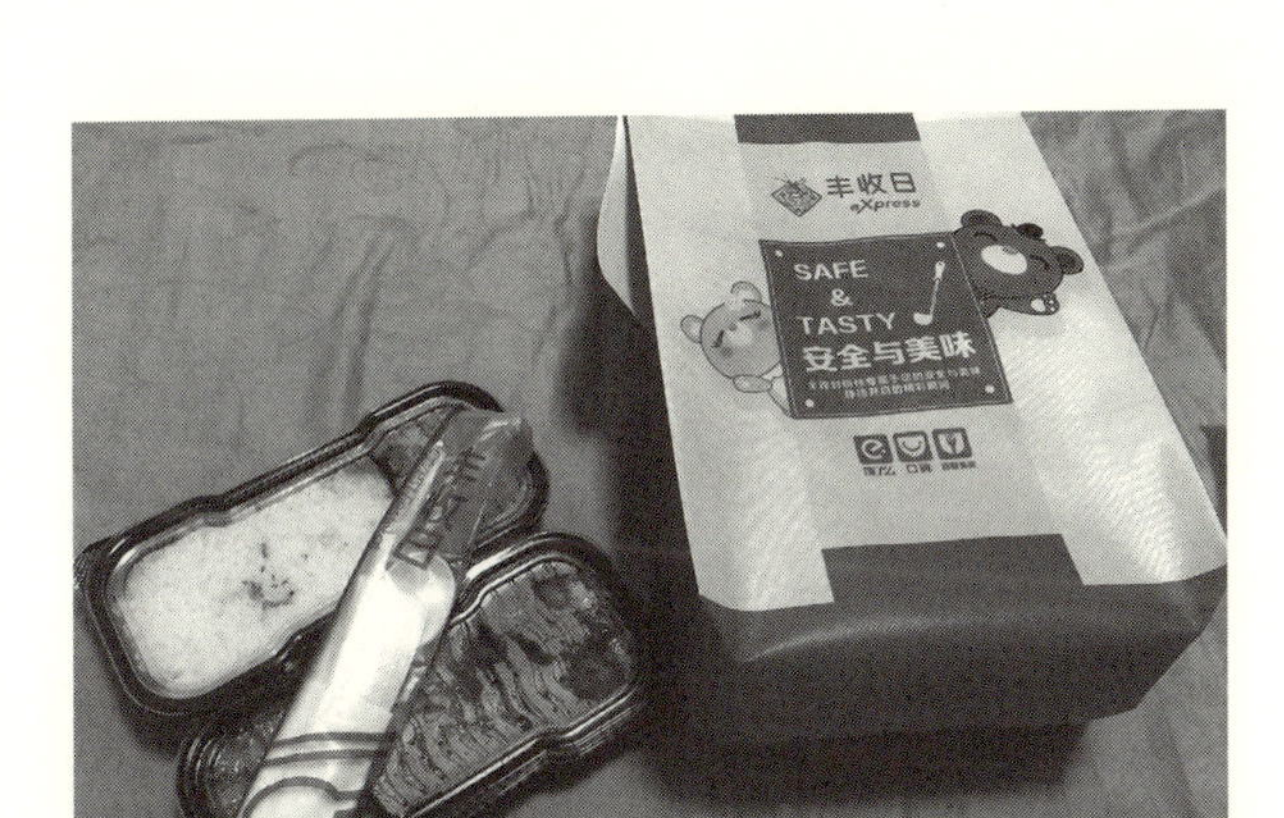

配送された弁当はしっかり包装されていて、中身もこぼれていない

第3章で紹介したネットスーパー同様に、ドライバーの現在地がリアルタイムに把握できるのは、非常に安心する。ドライバーの簡単なプロフィールも記載されており、氏名のほか「定時配達率」「プラスレビュー率」「1日の平均配達数」などが書いてある。

「ドライバーにチップを渡す」という機能もあり、2元（32円）、5元（80円）、10元（160円）、その他の金額を選べる。それぞれペットボトルの水、棒付きアイス、スイカのイラストが描かれ、現金の生々しさをソフトにしていた。ドライバーとはチャットや通話で連絡できるので、チップを活用したら優先的に持ってきてもらうなどのサービスもお願いできるだろう。

注文から約30分後、部屋をノックする音とスマホの着信音が同時に聞こえ、玄関に出ると、若い男性が無言でビニール袋を突き出してきた。「どうも」と言って受け取ると、「はい」と言って足早に去って行った。ネットスーパーのときもそうだったが、中国の配達員は愛想に欠けるものの、行動に無駄がない。

ピーク時は6分に1件配達

後日、ネットニュースを見ていたら、餓了么が「ゴミ捨て代行サービス」まで始めると話題になっていた。

フードデリバリーを注文すると、プラスチック容器などのゴミがかさばり、ゴミ出しを面倒に感じることもあるだろう。都市部でゴミの分別が義務化されたことも、背景にある。食べ物を扱うドライバーがゴミ捨てを手伝うのはちょっと不衛生では……、という気もするが、ユーザーの潜在的需要を根こそぎ汲み取ろうとする貪欲さは、さすがである。

便利屋のように「何でも配達」が可能なのは、ドライバーの人件費が安価であることが背景にあるのは間違いない。が、それにしても安すぎる気がする。

いったいどうなっているのだろう。麻婆豆腐弁当を配達してくれたドライバーに電話で連絡を取り、会って話を聞いた。

配達員の男性は小柄のロン毛で、年齢は20歳。出身は内陸部の貴州省。かなりの田舎で、経済発展が遅れている地域だ。

「最初は美容師になろうと思って上海に出てきたけど、儲からないのでいまの仕事に変えた。募集はネットで見つけました」

美容師時代は、まかない付きの寮生活だったが、月給は3000～4000元（4万8000～6万4000円）程度。半月で辞めて、いまの仕事に切り替えた。

ドライバーの働き方は、時給ベースと完全出来高の2種類に分かれるそうで、男性は出来高で稼いでいるとのこと。

個人事業主の形態だが、グループに所属して働いているという。ピークとなる時間帯は11〜13時と18〜20時で、それぞれ20回ほど運び、1日40〜50件をこなす。これは思ったよりも大変そうだ。

収入は1件あたり7〜10元（112〜160円）ほどだが、数が多いので、1日あたり300〜400元（4800〜6400円）、1カ月1万元（16万円）ほどになる。この数字は彼の周囲でもトップレベルに近いという。

ピーク時は6分に1件というハイペースで配達することになるが、多少割り引いて考えても、10分に1件は間違いない。分刻みのハイペースでどんどん運んでいるのだ。電動バイクは免許不要で、ヘルメットも法的には義務付けられていない。機動力に優れ、配達効率を非常に高めている。ただし、事故が心配である。

現在は上海市内の部屋を6人でルームシェアして暮らす。家賃は700元（1万1200円）。電動バイクは3300元（5万2800円）で、この仕事のために購入した。

「定時に届けないといけなくて、1秒でも過ぎたらタイムオーバーと見なされる。12分以上の遅れで30元（480円）、苦情が入ったら200元（3200円）が給料から差し引かれてしまう。遅れそうなときはお客さんに連絡して、先に受け取りボタンを押してもらえないか頼むこともあります」

　かなり時間に追われる仕事のようだが、「自由にできるのは気楽でいい」と不満はそれほどないそうだ。毎月3000元（4万8000円）ほど貯金できるので、ある程度生活に余裕があるという。

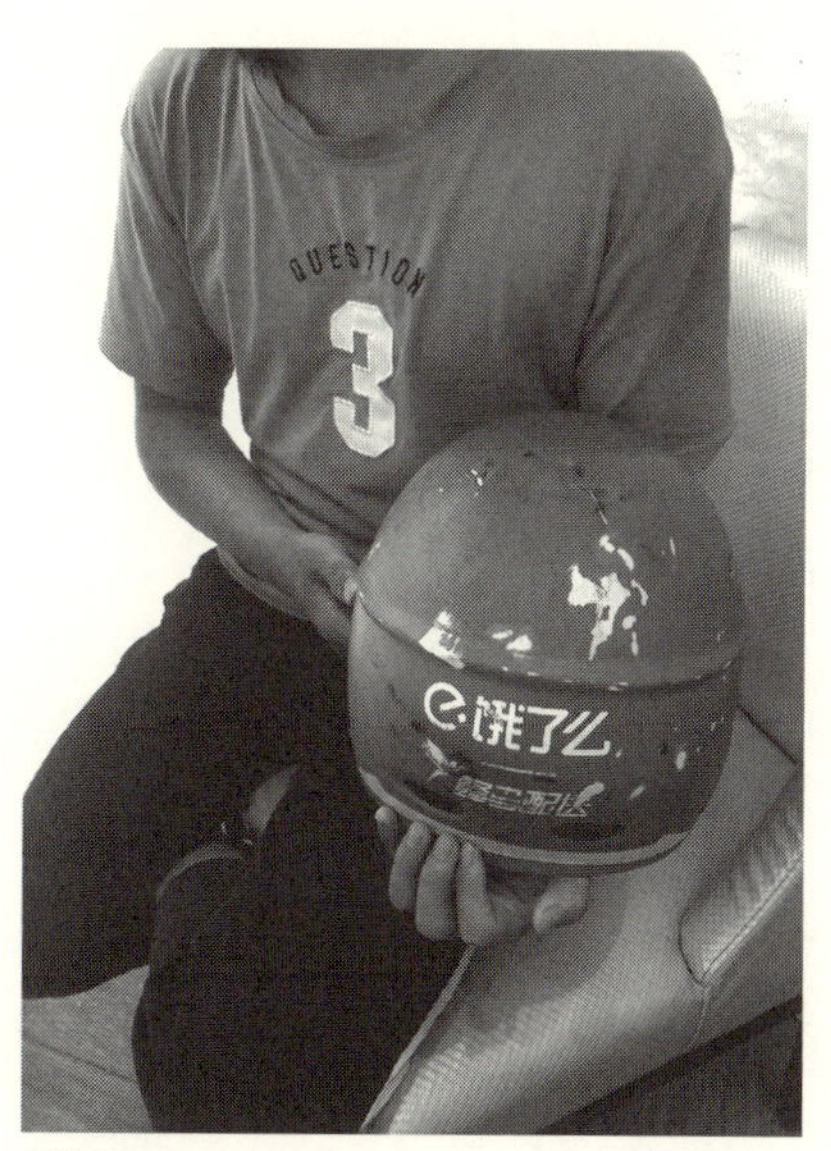

傷だらけのヘルメットが、いかにハードワークかを物語っている

　私が注文したときの配達料は5・3元（約85円）だったが、ドライバーは1回の配達で7元（112円）ほどの利益があるというから、飢了么はどうやって帳尻を合わせているのだろうか。

　レストラン側からも一定の料金を取っているだろうし、顧客の購買データ、すなわち〝ビッグデータ〟とやらを集めることでも、利益が生まれるのかもしれない。人件費が安いこと、電動バイクは免許不要であることなどが安価な配送料の背景にあるのは間違いないが、それに加えて、相当に薄利のビジネスモデルで運営しているように思われた。

【体験後記】

こうして見ていくと、どこでも自転車に乗れるシェアサイクルは、車両がボロボロ。自家用車タクシーのライドシェアは、白タクまがいのドライバーが違法運転。何でも運んでくれるフードデリバリーは、免許不要の電動バイクが分刻みで街を疾走——。

デジタルチャイナの姿は、ぱっと見は先進的でありながら、よく見ると大陸的な荒っぽさ、さらにいうなら〝野蛮さ〟を伴っている。荒削りなビジネスが世の中をダイナミックに動かしていく姿は、停滞社会ニッポンに暮らす者から見ると羨ましく思える一方、この〝野蛮さ〟は日本人には合わないなあと痛感した。

第7章

総括！アリペイ&ウィーチャットが描く中国消費の未来

中国ではスマホは生活必需品。次々と新しい商品が世に出される

物乞いまで「QRコード」を活用

この数年で急成長した中国経済――「デジタルチャイナ」の現状について、実際に見たこと、感じたことを述べてきた。日本には導入されていない決済手段やサービスに驚いた読者も多いだろう。そして、その背景には「キャッシュレス化」が大きく関係していることもわかっていただけたと思う。

初めて中国を訪れた人が口をそろえて驚くのは、サービスや小売における徹底したキャッシュレス化だ。コンビニやタクシーはもちろん、個人経営の飲食店や雑貨店、道端の屋台、果ては路上の物乞いまでもが、「QRコード」を使ったキャッシュレス社会を生きている。

物乞いがキャッシュレスというのを最初にニュースで知ったときは、特殊事例なのではないかと思って半信半疑だったが、実際に上海の街中を歩いてみると、ごく普通に遭遇した。

フードコートで食事をしていた際、目の前にA4用紙を見せてくる老婆と女児の2人連れが現れた。紙を見ると、「病気を治療したいのです。助けてください。ありがとうございます」とメッセージがあり、その横にQRコードが貼られていた。

こうした様子を見て、「物乞いがスマホを持つなんておかしい！　ぜいたくだ！」と考えるのは、日本人の感覚が古いせいかもしれない。逆にいえば、中国では物乞いですら〝スマホがないと生きていけない社会〞なのである。

社会の最底辺にまで、スマホとキャッシュレス決済が普及し、それなしでは生活が成り立たないのだ。

物乞いまで、キャッシュレスが普及している

キャッシュレス決済の約9割がアリペイ&ウィーチャットペイ

こうしたキャッシュレス社会の立役者となったのは、中国を代表する巨大IT企業アリババの開発した決済アプリ「アリペイ」と、テンセントが開発したチャットアプリ「ウィーチャット」である。

パリに本社をもつ世界第3位の市場調査会社「イプソス」が、中国のキャッシュレス事情についての調査結果（「2019第三季度第三方移動支付用戸研究報告〈＝2019年第3クオーター　モバイル決済ユーザー研究報告〉」）を発表している。それを読むと、アリペイとウィーチャットの存在の大きさがよくわかる。

日常生活の買い物で最もよく使う支払い方法について調査した結果、モバイル決済（スマホを使ったキャッシュレス決済やネット決済）と回答した人は全体の61%、カード決済（中国のカード決済は、クレジットカードではなく銀行のキャッシュカードを使ったデビットカードが主流）は23%、現金は14%だった。現金派は、圧倒的にマイノリティーだ。

ウィーチャットペイ（QQ銭包など、テンセントが運営するその他キャッシュレス決済も含む、以下同）のユーザー浸透率は全体の92・4％にのぼり、アリペイの浸透率も72・1％を記録した。3位以下は銀聯カードの「銀聯雲閃付」27・2％、「京東銭包」17・9％、「翼支付」10・6％、Apple Pay 8・1％、ファーウェイペイ8％と続く。

取引金額をベースに調査すると、ウィーチャットペイ46％、アリペイ43％、銀聯雲閃付6％、4位～15位までの合計5％となっている。キャッシュレス決済のほぼ9割を、アリペイとウィーチャットペイが分け合っている計算になる。

2大サービスの違い

アリペイを運営するアリババは、当初はショッピングモール「淘宝」の運営で急成長し、アリペイもネットショッピングでの利用を起点に拡大した。強引に日本に例えるなら、「楽天ペイ」が普及し、天下を取ったようなものだろう。

一方、ウィーチャットペイはチャットアプリ「ウィーチャット」から生まれたため、日本に例えるなら「LINEペイ」に相当する。アリペイのサービス開始時期は2004年であるのに対し、ウィーチャットペイは2013年。

約10年のギャップがありながら、チャットアプリという利便性の高さを武器に、近年アリペイの市場を奪いつつある。

ネット空間での支払いはアリペイが優位だが、オフラインすなわちリアル店舗では、ウィーチャットペイのほうが利用率が高い。キャッシュレス決済が一般化するにつれ、ウィーチャットペイの存在感はさらに増す流れだが、アリペイは金融商品の多角化や信用機能をベースにしたサービスなどで、差別化を進めている。

キャッシュレス決済が浸透した「5つの理由」

中国のキャッシュレス決済は2016～2018年ごろのわずか2～3年で、中国全土に爆発的に普及した。キャッシュレス決済が中国の隅々まで普及した理由は諸説あり、聞いたことがあるという読者も多いだろうが、改めて整理したい。

①スマホの普及率が高かった

いまでこそ経済大国として日本を追い越し、アメリカと対等にまで成長した中国だが、北京五輪（２００８年）のあった10年ほど前までは、ニセモノや有毒食品が街にあふれ、ネットも日本ほど普及しておらず、携帯電話はノキアやブラックベリーばかり。それが２０１０年ごろから目に見えて社会が豊かになり、スマートフォンを通じてネットが急速に普及した。

現在でも中国のネットユーザーの多くは、スマートフォンを通じてネットにアクセスしているため、キャッシュレス決済を導入する下地が日本以上に整っていたといえる。

また、中国は携帯電話の基地局（携帯の電波を送受信するアンテナ）の生産でも日本をはるかに上回り、世界のトップクラスにある。パソコンによるインターネットの普及が遅れたからこそ、全国民がどこでもスマホでネットにつながる〝スマホ先進国〟となり、キャッシュレス社会の基盤がつくられたといえる。

②政府主導で、国家プロジェクトとして推進した

中国という国で社会を大きく変える際、政府が無関係であることはまずありえない。中国政府は2015年3月、「インターネット＋行動計画」を発表。インターネット＋医療、インターネット＋物流、インターネット＋金融などインターネットをあらゆる産業と結びつけることを国策として掲げ、キャッシュレス決済の普及を強力に後押しした。

中国は良くも悪くも徹底した管理社会であるため、個人の交友関係や移動履歴などについても、政府は積極的に管理下におきたがる（普通に生活するうえではとくに問題はないが、反政府的な言動などがあれば、直ちに是正を促される）。

お金の流れについても、匿名性の高い現金より、実名と紐付いたキャッシュレス決済のほうが、国民を管理しやすいと考えたのではないだろうか。税金の徴収も確実である。

③出血キャンペーンを行ない、導入のハードルを下げた

アリペイ、ウィーチャットともに、専用端末はなくても使用でき、手数料も現在は無料である。これにより、サービスを導入する小売店が急増した。

３％前後の手数料がかかる日本のキャッシュレスサービスとは違い、多少損をしてでも自社サービスを普及させ、あくまで〝ビッグデータで稼ぐ〟という理念があるのだ。

とくに、２０１４〜２０１６年ごろの市場導入期は、ユーザー、店舗それぞれに対して大規模なキャッシュバックキャンペーンを展開し、〝ちから技〟でアリペイ、ウィーチャットペイに人びとを呼び込んだ。

日本では過去に「ペイペイ」が大規模キャンペーンを実施して話題となったが、あれはまさに中国の先行事例を意識したものだったといえるだろう。

ペイペイはインドのキャッシュレス決済サービス「Paytm（ペイティーエム）」から技術提供を受けていて、「Paytm」はアリババから巨額の出資を受けている。ペイペイとアリババはいわば〝孫とおじいちゃん〟のような関係にあり、ビジネスモデルが酷似しているのも頷ける。

④お金が大好きな中国の国民性

私見だが、中国人のお金に対する価値観は、日本人とは少々異なるように感じる。中国人は、お金をたんに便利な〝道具の一つ〟として見なしていて、変に神聖視しない。友人知人にものを頼む時や、もめ事が起きた時など、お金を使ってライトに解決することも多い。投資好きで、日本人のように現金を大事に手元に置いておくようなことはあまりしないのである。

ウィーチャットペイが出現した当初も、個人間ですぐに〝ご祝儀（紅包）〟という機能を使って、数十元～数百元程度の少額のやり取りが生まれた。いわば、日本人が缶コーヒーをおごったり、LINEスタンプをプレゼントするような軽い感覚で、おひねりをやり取りしているのだ。

さらに、友人同士で物品を売買したり、代理購入を頼むのも普通だ。日本など海外旅行に行く友人に、コスパの良いコスメや健康食品を買ってきてもらうこともよくある。日本だとある程度仲の良い相手でないと引かれてしまいそうだが、中国人同士は融通無碍だ。

大阪人以上に商品を値切るのが好きだし、お金に対する価値観が日本人とどこか違うのだ。紙幣だろうが、カードだろうが、スマホだろうが、「お金はお金」という感覚なのかもしれない。「金は天下の回りもの」という意識も徹底している。

⑤外資系企業がいない

最後にこの点を付け加えてもいいだろう。中国政府は、外資系企業が自国で覇権を握ることのないよう、グーグルやツイッター、フェイスブックといった米国系の巨大IT企業を市場から完全に排除している。

キャッシュレス決済についても、「アップルペイ」が許されてはいるものの、存在感は極めて小さい。外資系を排除したことで、中国企業2社に絞り込めたともいえる。

一方の日本はクイックペイ、アップルペイ、グーグルペイなどの外資系キャッシュレス決済も続々と市場に入ってきている。自由市場はもちろん望ましいことだが、乱立状態は早く抜け出したいものである。

補足：「偽札が多いから」説について

「中国は偽札が多いから、キャッシュレス決済の導入が進んだ」という説もあるが、これは少し疑ってみたほうがいいだろう。

たしかに、中国では日本よりも偽札を見る機会が多いとはいえ、決して頻繁ではない。在住者であっても、1～2年に1回程度にすぎず、キャッシュレス決済に飛びつく動機としては弱すぎる。これまでも中国人は、そこまで偽札に困っていなかったはず。キャッシュレス化を進める多少の後押しにはなっただろうが、決定的な要因にはならなかったはずだ。

「日本でキャッシュレス化が普及しない理由は、日本人が福沢諭吉を尊敬していて、いつも手元に置いておきたいから」と言われたら、奇妙に感じるだろう。それと同じようなものである。偽札の蔓延（まんえん）というといかにも〝中国らしい話〟なのでつい信じてしまいそうになるが、眉唾（まゆつば）物と捉えるのが賢明だ。

あらゆるサービスが「決済アプリ」経由

日本では、メールや電話、ＳＮＳなどのスマホサービスを利用する際、個別にアプリをダウンロードする必要がある。しかし中国の場合は、ウィーチャットまたはアリペイを経由してページを開き、各サービスの画面に接続するケースが多い。「アプリ内アプリ（ミニプログラム、小程序（シャオチェンシュイ））」と呼ばれるもので、慣れるとスマホ画面がすっきりして非常に便利だ。

ウィーチャットの画面は一見、ＬＩＮＥとよく似ているが、機能の多様さはＬＩＮＥ以上かもしれない。機能は大きく４つに分かれており、「メッセージ」「友だち名簿」「見つける」「マイページ」となっている。

「メッセージ」と「友だち名簿」はＬＩＮＥとほぼ同じだが、「見つける」をクリックするとフェイスブックのようなＳＮＳ機能（朋友圏（パンヨウチュアン））がある。友だちが読んだネット記事なども表示され、交流のきっかけをつくりやすい。

「近くの人を探す」という機能もあり、男女問わず、周囲のウィーチャットユーザーが表示される。当然、ナンパや営業目的に使われることもある。「ショッピング」「ゲーム」といった項目もあり、さまざまな活動がウィーチャット一つで完結する。

「マイページ」には「ウォレット」という機能があり、アイフォンのウォレットと同様に、さまざまなカードやチケットが登録可能だ。

あらゆるサービスを飲み込む「ウィーチャットペイ」

「ウィーチャットペイ」をクリックすると、独立したページに移動。携帯料金の支払い、投資商品の購入、水道代・電気代・ガス代の支払い、高速道路で使うＥＴＣカードの作成、慈善団体への寄付などのサービスをテンセントが直接運営。

さらに、業務提携している会社のサービスも利用できるのだが、これまた多岐にわたっている。

鉄道のチケットや航空券の予約、ホテル予約、タクシーの手配、ショッピング、フードデリバリー、映画やイベントのチケット購入、グルメサイトでレストラン探し、中古品の売買、不動産情報などなど。あくまで業務提携先なのでテンセントの直接のサービスではないが、ウィーチャットと連動している意義は非常に大きい。

日本で例えるなら、「ＬＩＮＥ」を開くと「ウーバーイーツ」「メルカリ」「食べログ」「エクスペディア」「ＪＲえきねっと」「ＳＵＵＭＯ」などがすべてつながっているような世界だ。生活に必要なサービスのすべてを、ウィーチャット通して使わせようという強い意気込みを感じる。

ＬＩＮＥ同様、ウィーチャットにはスマホのカメラを使ってさまざまなＱＲコードをスキャンする機能があり、中国の新サービスのほとんどがこのＱＲコードの読み込みから始まる。

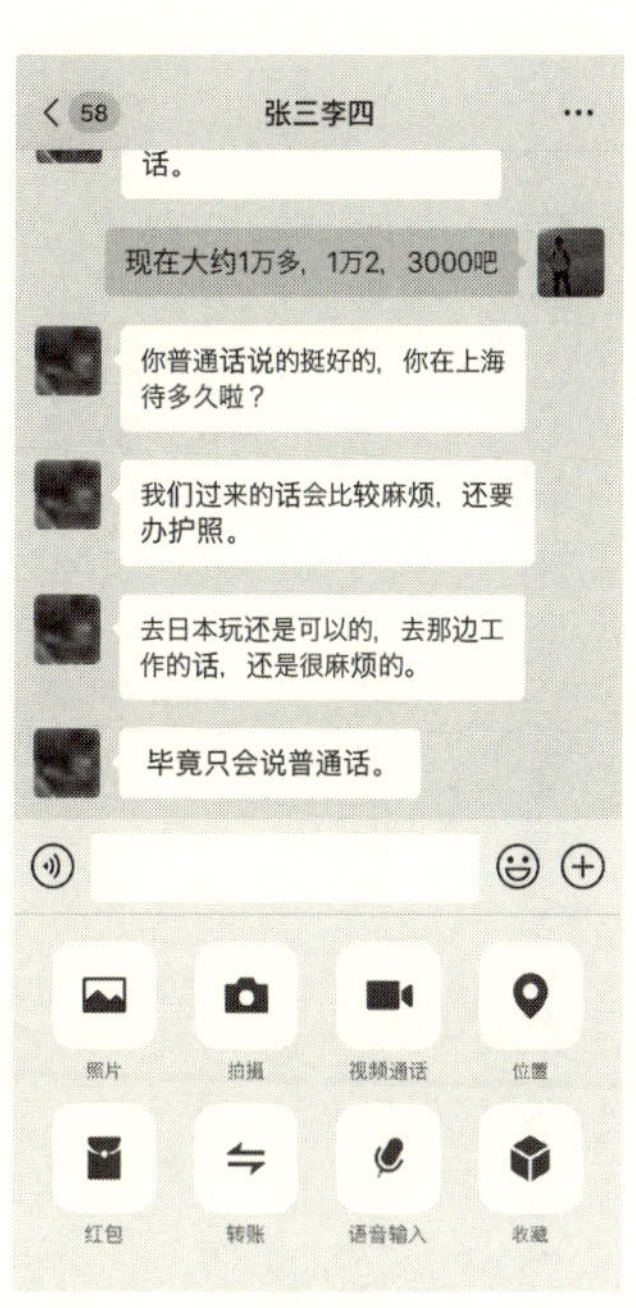

ウィーチャットの画面。まるでLINEのよう

また、支払い機能についてＬＩＮＥと比較すると、ウィーチャットのほ

うが明らかに無駄がなく、洗練されている。支払いに必要なＱＲコードが、もっとも目立つ場所に配置されており、使いやすい。

一方、ＬＩＮＥの支払い画面はゴチャゴチャとさまざまな機能が詰め込まれた感があり、整理されていない。クーポン券や使えるお店一覧、韓国ＡＴＭ両替など、機能としてはあってもいいが、画面が複雑に見えてしまう。

投資信託から利用者数を増やした「アリペイ」

一方、「アリペイ」は、メッセージ機能やＳＮＳ機能もあることはあるが、どちらかというと〝お金関係〟すなわち金融商品や信用スコアに特化している。

とくにアリペイユーザーを増やすきっかけとなったのは、２０１３年から始まった「余額宝（ユエバオ）」という理財商品だ。

商品名の漢字から連想できるかもしれないが、手持ちの余剰資金を高金利で運用できる投資信託で、資産規模は２０１９年６月末時点で１兆３０００億元（約16兆４８０

0億円）と、世界最大。利用者数は約６億１９００万人にものぼる。

近年は中国経済の鈍化にともない利回りは大幅に落ちているが、かつては年率７％近いリターンを誇り、多くの中国人をアリペイに引きつけたのである。

リターンは１日単位で計算され、いつでも預けたり引き出したりできるという手軽さも、人気の理由だという。

近年、日本でもＬＩＮＥペイと連携する形の投資商品が売り出されているが、余額宝のような起爆剤にはなりにくいだろう。一時期の中国のような高利回りは期待できないうえに、そもそも日本人と中国人では〝投資〟に対する貪欲さが違う。中国人はリスクとリターンを天秤にかけて、いけると思えば躊躇なく投資する。

対照的に、投資全般に懐疑的な日本において利用者数を増やすのは、容易ではなさそうだ。

アリペイもウィーチャット同様、〝スーパーアプリ〟と呼ばれている。機能の多様さはウィーチャットと同じか、それ以上。社会保険料の支払いや年金の積み立ても可能で、駅の改札を通る際には交通カードにもなる（ＱＲコードをスキャンして通過する)。買い物の支払いに留まらず、公共性の高い分野でも存在感を見せている。

信用スコアが高ければ、海外ビザも取得できる

アリペイというと、「ゴマ信用」について触れないわけにはいかない。

第4章でも少し触れたが、年齢や学歴、職業、支払い履歴、交友関係などをもとに、個人の〝信用力〟を350点~950点の間に数値化したもので、数値が高ければ、デポジット不要で世の中のさまざまなサービスを使えたり、海外渡航時にビザを取得しやすくなったりする。

アリペイを登録していると自動的に数値化されるようで、私のスコアは613点。600~650点はちょうど中間で「良好」との評価だ。

スコアがどう役に立つのか最初はよくわからなかったが、中国現地でさまざまな新サービスを使ってみると、ゴマ信用の利点が実感できた。

シェアサイクルや、シェア傘、シェアモバイルバッテリーなどのサービスを使う

際、事前に数十〜数百元程度のデポジットを求められることがある。このとき、ゴマ信用のスコアが一定以上であれば、デポジット不要でサービスを利用できるのだ。

このほか、中国人の場合は700点以上でシンガポールビザ、750点以上でルクセンブルクビザを取得できるという。点数が足りない場合は、従来通り資産証明や在職証明、戸籍謄本などの資料を多数用意しなくてはならない。また、自動車ローンの利率の優遇などもあり、目に見えるメリットが大きい。

アリペイの画面。アリババ系列のサービスが並ぶ

ゴマ信用の詳細な査定方法については、「身分特質（社会的地位、年齢、学歴、職業など）」「履行能力（資産、支払い状況など）」「信用歴（クレジット取引履歴など）」、「人脈（交友関係）」、「行動（消費傾向など）」をもとに算定しているが、「機械学習とク

ラウドコンピューティングを組み合わせて、総合的に算出しています」とのことで、あまり明快ではない。

とはいえ、レンタルしたものを期限通りに返す、分割払いのローンをきちんと返すなどしていれば、スコアが極端に低くなることはなさそうだ。

さらに興味深いのは、アリババ系列のサービスを多用したり、アリババに対してより多くの個人情報（職歴など）を提供したりすると、スコアが上がる点。社会的な信用であると同時に、アリババにとってのポイントカードのような性質もあるのだ。

そもそも他人を信用しない国民性

中国政府から見れば、国民に自身の信用レベルを意識させることで不正取引を減らし、経済活動をより活発化させる狙いもあるようだ。もちろん、「マナー向上」という点でも役に立つ。

ゴマ信用のＷＥＢページは読み物も充実しており、「見知らぬ人を信用できますか？」というテーマで読者参加型のアンケート記事があった。約４７０万人が回答しており、回答結果は「できる」23％、「できない」77％だった。

中国は一般的に、「赤の他人を信用しない社会」と言われる。この数字が大きいか小さいかはさておき、約8割の人が「知らない人は信用しない」と答えるのは、妥当な数字といえそうだ。

他人を容易には信用しない（できない）文化のため、これまではホテルに泊まると、必ず一定金額のデポジットを預けるのが常だった。すごいところだと、室内の壁にあらゆる調度品（コップ、タオルといった小物から、テレビ、ソファ、テーブル等まで）の〝価格表〟が貼られていて、損壊時の賠償金額が明記されていることもあった。

人口が多く、教育水準も一定ではない中国社会は、それぐらい〝赤の他人は何をしでかすかわからない〟という意識があるのだろう。価格表を貼るホテルは少々極端な例だが、ゴマ信用が活用されることで、デポジットの煩（わずら）わしさから解放されることにはなりそうだ。

信用スコアは個人を格付けするようであり、抵抗を感じる人もいるかもしれない。

だが、少なくとも現時点のゴマ信用は、そこまで強い意味合いはないようだ。

一定の信用力を示す物差しではあるが、人間の値打ちといったものまでは測れないことは、みんな十分に理解している。だからこそ、気軽に教えあったりしている。

自身の行動が細かく監視されているようで、気持ち悪いと感じる人もいるだろう。それは逆に、ルールを守って正しく行動している人は、恩恵を受けられる社会ともいえる。道徳心やモラルに訴えるのではなく、〝仕組み〟を変えることで人びとの行動に変化を促すという意味では、非常に中国社会に適合する方法なのではないか。

ゴマ信用のWEBページからは、スマホやカメラ、腕時計などのレンタルサービス、レンタカー、後払い可能なショッピングサイトなどに誘導される。それぞれのサービスは信用スコアに応じて使用でき、ユーザーに「ゴマ信用を持っているとお得！」と思わせるのがうまい。

QRコードとフェリカ方式、どちらが便利か

中国では前述の通り、キャッシュレス決済はアリペイとウィーチャットの〝2強〟で市場を分けあっているのが実情だが、かたや日本では何十社もの「○○ペイ」が乱立し、戦国時代の様相を呈している。

支払い方式についても、中国のようにQRコードをスマホで読み取る「QRコード式」と、Suicaなど交通系カードに代表される「フェリカ方式」（スマホを読み取り用の専用リーダーに近づけてピピッと鳴らすタイプ）に分かれており、そのすべてに対応するコンビニの店員さんは、さぞや大変だろうと思う。

将来的には、1～2種類のサービスに統一されるべきで、ユーザー視点で見ても一刻も早くこの状況を抜け出してほしい。

そこで、未来の日本のキャッシュレスは、QRコード式とフェリカ方式、どちらがいいのか考えたい。

決済の手軽さや日本国内での普及率の高さから、フェリカ方式を推す声は少なくない。だが、中国でキャッシュレス化が普及した経緯を考えると、QRコード式が現実的に思えてくる。

ＱＲコードの利点は、何といっても〝設置ハードルの低さ〟にある。将来的に、〝現金の必要がない社会〟〝財布を持たなくていい社会〟を目指すのであれば、設置のハードルが低いことは極めて重要だろう。

使い手として便利なのはフェリカ方式かもしれないが、店側の導入コスト、すなわち普及のハードルを考えると、ＱＲコードのほうに軍配が上がる。近年、個人経営の店舗で「ペイペイ」を導入しているケースをよく見かけるのはそのためだ。ＱＲコードを印刷した紙が一枚あれば、キャッシュレス化に対応できるのである。

一方、フェリカ方式は読み取り用の専用リーダーが必要になる。この導入コストや手数料がバカにならないため、普及が進まない。個人経営の鮮魚店や青果店、バー、喫茶店、タバコ屋、銭湯、お祭りの屋台、コミケなどなど、専用リーダーを設置しにくい場所は意外と多い。

さらに、今後はシェアビジネスが拡大する流れであることを考えると、ライドシェアやスキルシェアなどを通じて、個人間で金銭の支払いをする場面も増えていくだろう。

その時に、わざわざＬＩＮＥで友達登録をして、そこから送金手続きをして……、というのは、手間がかかりすぎる。大切なのは、いかに〝現金と同じように使えるか〟だ。いつでも、どこでも、誰でも、簡単に使えるという現金のような利便性を考えると、どうしてもＱＲコードを主軸に考えざるをえない。

山奥にある無人の野菜販売所であったり、砂浜の浮き輪レンタル所だったり、電気が使えない場所でも広くキャッシュレスを普及させるには、ＱＲコードがベスト。キャッシュレスという最先端の技術を昔ながらの「紙」と組み合わせることで、最強の利便性を生むのである。

日本でキャッシュレス決済が根付くには

日本はフェリカが中途半端に普及してしまったので、なかなか切り替えは難しいだろう。ただし、将来的に「顔認証」が普及して、駅の改札がすべて顔認証で通れるような時代がくれば、キャッシュレス化が進むかもしれない。

もう一つ、現在の日本のキャッシュレス決済の大半がクレジットカードと紐付いているのも、非常に問題だと感じる。

一度すべてを忘れて、ゼロベースで理想的なキャッシュレス社会を考えてみたい。

この先、スマートフォンは、誰もが確実に持つ社会になる。となると、カードは1枚たりとも持ち歩きたくない。仮にフェリカ方式にするとしても、スマホを使うイメージだ。スマホが現金と同じように使えたら、それでいい。

そう考えると、中国のデビットカード方式と同様に、スマホと銀行口座がダイレクトに結びついているほうが、よりシンプルで機能的ではないだろうか。

クレジットカードの歴史は、そもそも飲食店での〝ツケ（信用払い、借金）〟から生まれている。クレジットカードの本質は、借金なのである。いくら金利ゼロであっても、「銀行→クレジットカード→〇〇ペイ」とお金が流れるのは、複雑なだけで、手数料が余計にかかるだけだ。

銀行口座という大きなお財布を、スマホのＱＲコードで管理する。これがもっともシンプルかつ合理的で、普及しやすい方法ではないだろうか。すぐには実現困難だとしても、大局的なビジョンをもとに、日本に合ったキャッシュレス社会をつくっていきたいものである。

あとがき

上海から帰国していつもの日本の生活に戻ると、財布が手放せなくなった。いきつけの個人経営の喫茶店でも、定食屋でも、現金がないと困る場面は結構多い。中国滞在時は現金を持ち歩かない生活をしていたので、時代を逆戻りしたような感覚だ。コンビニやスーパーの列に並んでいても、中高年より上の世代は、現金払いが圧倒的に多い。

こうした〝日本ならでは〟の光景は、今後も続いていくのだろうか。それとも近い将来、誰もが〇〇ペイで会計し、無人の店舗で支払いを済ませる時代が来るのだろうか。それは誰にもわからない。

日本でも無人コンビニやタクシーの配車アプリなど、最新のＩＴやＡＩを駆使したサービスが徐々に増えてきている。だが、中国経済におけるデジタル化のスピードは日本の比ではない。まさに日進月歩と呼べる速さで、私たちの想像のはるか先を行く。今回、「ハリボテだ」と評した機械やサービスも、今後は改良されて使い勝手のいいものになっていくかもしれない。

本書で書かれていることは、あくまで「体験記」という名のレポートであり、最新の中国事情を知りたければ、現地に足を運ぶほうがより正確に変化のスピードを実感できるだろう。

中国のデジタル技術には、スゴイ面もあれば、怪しげでダメな面も両方ある。私のつたない体験記を読んで、社会システムとデジタルとの理想的な融合とは何かを考え、動き出してもらえたら思う。その先に、〝日本ならでは〟のデジタル社会が見えてくるはずだ。

本書は、「中国経済のリアルな姿を見てきてほしい」という、PHP研究所の大隅元(げん)副編集長の一言がなければ実現しなかった。おかげで久しぶりに上海に長期滞在でき、中国への知見を新たにできた。またとない貴重な機会をいただき、編集担当として伴走してくれたことに感謝を申し上げるとともに、ずいぶんと原稿を待たせてしまったことをお詫びしたい。また、『Voice』の短期連載（2019年12月号〜2020年2月号）を快諾してくれたVoice編集長の水島隆介氏にもお礼を述べたいと思う。

中国という先行事例を参考にしつつ、日本に合った〝デジタルジャパン〟が花開くことを願って、筆をおきたいと思う。

2020年2月

西谷　格

西谷 格(にしたに・ただす)

1981年、神奈川県生まれ。ノンフィクションライター。早稲田大学社会科学部卒。地方新聞『新潟日報』の記者を経て、フリーランスとして活動。2009年に上海に移住、2015年まで現地から中国の現状をレポートした。主な著書に、『ルポ 中国「潜入バイト」日記』(小学館新書)、『中国人は雑巾と布巾の区別ができない』(宝島社新書)などがある。

PHPビジネス新書 413

ルポ デジタルチャイナ体験記

2020年3月11日　第1版第1刷発行

著者	西谷 格
発行者	後藤淳一
発行所	株式会社ＰＨＰ研究所

東京本部　〒135-8137　江東区豊洲5-6-52
第二制作部ビジネス課　☎03-3520-9619(編集)
普及部　☎03-3520-9630(販売)
京都本部　〒601-8411　京都市南区西九条北ノ内町11
PHP INTERFACE　https://www.php.co.jp/

装幀	コバヤシタケシ
	齋藤 稔(株式会社ジーラム)
組版	桜井勝志(アミークス)
印刷所	株式会社光邦
製本所	東京美術紙工協業組合

ISBN978-4-569-84582-1

「ＰＨＰビジネス新書」発刊にあたって

わからないことがあったら「インターネット」で何でも一発で調べられる時代。本という形でビジネスの知識を提供することに何の意味があるのか……その一つの答えとして「**血の通った実務書**」というコンセプトを提案させていただくのが本シリーズです。

経営知識やスキルといった、誰が語っても同じに思えるものでも、ビジネス界の第一線で活躍する人の語る言葉には、独特の迫力があります。そんな、「**現場を知る人が本音で語る**」知識を、ビジネスのあらゆる分野においてご提供していきたいと思っております。

本シリーズのシンボルマークは、理屈よりも実用性を重んじた古代ローマ人のイメージです。彼らが残した知識のように、本書の内容が永きにわたって皆様のビジネスのお役に立ち続けることを願っております。

二〇〇六年四月

ＰＨＰ研究所